Intensa-mente

SÒNIA CERVANTES

Intensa-mente

Recetas psicológicas sencillas para superar el día a día

Grijalbo

Primera edición: enero de 2019

© 2019, Sònia Cervantes Pascual
Publicado por acuerdo con Zarana Agencia Literaria
© 2019, Penguin Random House Grupo Editorial, S. A. U.
Travessera de Gràcia, 47-49. 08021 Barcelona

Printed in Spain — Impreso en España

ISBN: 978-84-253-5631-5
Depósito legal: B-25.822-2018

Compuesto en Pleca Digital, S. L. U.

Impreso en Romanyà Valls, S. A.
Capellades (Barcelona)

GR 5 6 3 1 5

Penguin
Random House
Grupo Editorial

A todos vosotros, por dar sentido a cada capítulo en el libro de mi vida: papá, mamá, Pere, Madrona, Pau, Elena, Carles, Sandra, Eva, Inma, Ylenia, Ramon, Alberto y David.

A mis queridos colegas y compañeros de fatigas vitales, sois mejores personas que psicólogos y eso es francamente difícil: Miguel Ángel Rizaldos, Nacho Cóller y Silvia Congost.

A ti, Maribel, por enseñarnos a todos el sentido de la vida y por ser INTENSAMENTE tan grande.

Índice

Introducción

Si Descartes viviera en pleno siglo XXI creo que adaptaría su célebre frase «Pienso, luego existo» a la de «Siento, luego existo». Supongo que, aparte de su forma particular de pensamiento, vivir en los siglos XVI-XVII, en los que quedaba poco espacio para el libre pensamiento y en los que, desde ciertas instancias, se ocupaban muy bien de que la gente no pudiera ver tan claramente que las ideas cambian el mundo, una frase como la suya tenía fuerza suficiente para dejar espacio a la libertad a todo lo que origina nuestra mente como raíz de nuestra existencia. A día de hoy, decidiría adentrarse en el mundo de las emociones para reivindicarse como ser existente, pues si en los siglos XVI-XVII había ciertas sombras unidas a la forma de pensar o al boicoteo estructural para poder hacerlo, creo que vivimos una época en la que las penumbras acechan las emociones.

Si no eres feliz, o no lo aparentas (como la mujer del César), parece que no acabas de encajar o que molestas porque te vas a convertir en una «victimita» y, oye, la gente no está para aguantar estas cosas (cáptame la ironía, por favor). Y si muestras tus emociones puedes ser calificado de flojo, cobarde, débil y un neurótico inestable emocionalmente (como si no fuéramos ya muy vulnerables, teniendo en cuenta que un virus del tamaño de nuestra uña pequeña dividido diez millones de veces nos puede matar). Por desgracia es así. De manera que, en este sentido, vivimos inmersos en una epidemia de positividad desmesurada propia de magufos, prestidigitadores y telepredicadores de tres al cuarto, y nada de llorar en público, no vayan a pensar que eres un flojo, un débil y un llorón. Pues mira, no: «Sientes, luego existes».

En las próximas páginas te invito a que des un puñetazo simbólico sobre la mesa y reivindiques con total y absoluta libertad lo que piensas y lo que sientes, el derecho que tienes a no ser juzgado y a veces sentenciado sólo por lo que haces, y que no se vulneren tus derechos desde un punto de vista psicológico. Eso sí, aceptando todo aquello que forma parte de ti (incluso lo que no te gusta) pero orientándote siempre hacia el cambio y la mejora. Lo mismo ha de aplicarse a los demás. También deben ser aceptados y entendidos, aunque lo de orientarlos al cambio dependerá más de ellos que de ti, pues tienen que tomar conciencia para poder hacerlo; en todo caso, puedes ayudarlos en el proceso. Si es necesario, nos pondremos límites a nosotros mismos y se los pondremos a los demás si cruzan ciertas líneas que quizás nos hieran, nos perjudiquen o pongan en jaque nuestros valores. En muchas ocasiones, desde el amor a quienes queremos actuamos de forma negligente, no intencionadamente, pero sí para evitar que sigan sufriendo: gran error.

Aprenderemos a lidiar con el sufrimiento propio y el ajeno en vez de huir de él. Las páginas siguientes están cargadas de cotidianidad, de los problemas del día a día, de las dificultades a las que debemos hacer frente, pero sobre todo de aceptación y de realidad, sin sucedáneos. Hay estrategias para poner en práctica que, lejos de evitar que lo pasemos mal, ya que no siempre son las más efectivas, están enfocadas a la superación de ciertas situaciones por las que todos en algún momento hemos tenido que pasar.

Que no te engañen, la felicidad plena y absoluta no existe, y si la vida te da limones, deberás aceptar el sabor ácido en tu paladar durante un tiempo, sin que eso impida que sigas avanzando y viviendo día a día. Es la única manera de poder disfrutar de una buena limonada posteriormente. No echemos veinte azucarillos a la limonada, por favor. Tanto azúcar empacha, ¿verdad?

Empecemos...

1

Ojos que ven, corazón que siente

Se nos educa para estar anestesiados emocionalmente, sobre todo cuando nos sentimos mal. Ya desde pequeñitos escuchamos aquello de «no llores» o «no te rías», como si no sentir o no expresar lo que sentimos fuera lo correcto, lo aceptable y la clave del bienestar. Con los años, uno se da cuenta de que dejar de hacer aquello que aprendió de pequeño requiere de un verdadero aprendizaje: quitar el piloto automático que te mantiene aparentemente seguro para adentrarte en lo que en realidad supone vivir con los cinco sentidos y con todas sus emociones. No te voy a decir que sea más fácil o agradable en ciertos momentos, pero me veo en la obligación de afirmarte que es más auténtico y real.

Las emociones son útiles y necesarias en nuestras vidas, todas y cada una de ellas, sin excepción. Nos ayudan a organizar la realidad y son un gran ejercicio de autoconocimiento, una oportunidad para comprendernos y comprender a los demás, así como la gran escuela de la aceptación, el autocontrol y la regulación emocional. Una cosa es estar triste o enfadado, incluso pletórico, y dejar que se expresen libremente, y otra cosa muy distinta es que te dejes llevar por ellas, tomen las riendas, hagan que pierdas toda racionalidad y actúes sólo bajo su mandato. Tan esclavo eres de tus emociones cuando intentas ahogarlas y silenciarlas como cuando dejas que sean ellas las que cojan el timón y dirijan tus acciones.

Cuando hablo de aceptación y libertad de expresión emocional hablo también de aprender a regular las emociones para que no se desmadren y puedan acabar haciéndonos daño o hiriendo a los demás, tanto o más que si las ocultamos y las castigamos en el cuarto oscuro. Es una cuestión de reparto justo de poder, para que cada uno se exprese y se autogobierne pero sin que nadie acabe tiranizando a nadie; las emociones campando a sus anchas, desmesuradas, sin control ni regulación alguna, son una auténtica pesadilla, un régimen totalitario donde no serás más que un esclavo bajo yugo.

Como te decía en la introducción, si la vida te da limones no es hora de limonadas porque no es la naturaleza del limón ser dulce, es momento de aceptar el ácido en tu paladar; sólo así podrás saborear luego la más dulce de las limonadas. No tires los limones a la basura, no los escondas en un armario fuera de tu vista, no vacíes la azucarera en ellos, pero tampoco te quedes mascando su cáscara continuamente; deja que maduren, dales su tiempo, su espacio y su sabor real, sin sucedáneos ni edulcorantes.

Desde la psicología siempre se ha prestado mucha atención al estudio de los pensamientos y la conducta humana, y ahora también cobran importancia las emociones, tanto o más que los dos componentes anteriores. Son incontables las teorías formuladas con este propósito. Cierto es que todo va unido: no podemos aislar pensamiento de emoción ni de conducta, son un potentísimo tridente que define nuestro funcionamiento psicológico. De este modo, toda emoción tiene, a su vez, tres componentes que las definen: fisiológico, conductual y cognitivo.

COMPONENTE FISIOLÓGICO

Detrás de cada emoción hay una activación en tu organismo. Las emociones no se limitan a hacerte sentir, sino que desencadenan unas reacciones físicas que notas de forma muy evidente. Esta activación es absolutamente necesaria para hacerte ver que algo está ocurriendo y que debes actuar, es una respuesta rapidísima y automática, y también inevitable, que se pone en marcha para que lo hagamos nosotros. Ciertas expresiones como «se ha puesto verde de envidia», «está rojo de ira», «se me ha revuelto el estómago» o «me he quedado frío» no hacen más que reflejar esta actividad. Y seguro que conoces estas reacciones: con el miedo se te sale el corazón por la boca, tu ritmo cardíaco se acelera, te sudan las manos, se te pone un nudo en la garganta, se te seca la boca, tiemblas, notas la tensión en cada uno de tus músculos; si sientes vergüenza te vas a poner como un pimiento, te ruborizarás (y no intentes disimularlo o evitarlo porque vas a perder el tiempo, incluso creo que tiene el efecto contrario de retroalimentación). El cuerpo se ha puesto en marcha y eso no se para.

Estos cambios son regulados por nuestro sistema nervioso, principalmente por nuestro sistema nervioso simpático (que te preguntarás por qué tiene ese nombre cuando en ocasiones nos provoca de todo menos simpatía), y el parasimpático es el que nos devuelve el equilibrio, a ese estado de homeostasis donde todas las funciones recobran la normalidad. Imagínate lo que supone no aceptar ciertas emociones o intentar controlarlas con todo el follón que montan solamente a nivel físico. De aquí que en el origen de ciertas dolencias físicas (siempre que no revistan gravedad y con un diagnóstico médico que descarte una etiología o un origen orgánico) no haya más que represión emocional. Hay a quien le duele la espalda por toda la responsabilidad que lleva encima, hay quien siempre tiene dolores de estómago por callar, callar y tragar (con lo indigesto que es esto) y hay quien tiene un dolor de cabeza martilleante e insoportable porque no hace más que pensar, anticipar, preocuparse y vive con un compañero de piso llamado *miedo*. Nuestro cuerpo nos avisa de que estamos sintiendo, y si hace ese esfuerzo para que nosotros también lo notemos será por algo. Es como si quisiera decirnos: «¡Eh, tú, a ver si te enteras de que esto de las emociones es importante!».

COMPONENTE CONDUCTUAL: ¿QUÉ HAGO?

Se refiere a cómo expresas tus emociones, qué es lo que tú y los demás ven cuando la emoción se desencadena: si eres de los que da un puñetazo a la pared cuando te enfadas, si eres de los que se aísla cuando está triste, si eres de los que se pone a bailar y a cantar cuando está contento o si eres de los que expresa lo que siente o, por el contrario, te lo callas y sueltas: «No me pasa nada. Estoy bien», cuando sabes que es una mentira tan grande como lo del «abrefácil» de algunos tetrabriks.

Diríamos que la conducta es el chivato de nuestras emociones, y cuidado, porque se suele decir que lo que haces o no haces es lo que te define, no lo que piensas que vas a hacer. Son el reflejo visible de todo proceso psicológico. De ahí la importancia de una buena regulación emocional, para que la conducta sea moderada y coherente con lo que sentimos y, sobre todo, para que no nos perjudique ni perjudique a quienes nos rodean.

Aquí entran en juego las expresiones faciales, tu tono de voz, tu movimiento con las manos, tus gestos, tu manera de hacer. Este lenguaje, según diversos estudios, es universal; es decir, que a pesar de las diferencias culturales y geográficas, la expresión de la emoción es reconocida por todos nosotros; difícilmente se confunde alegría con rabia, y eso pasa en todo el mundo. Es algo innato, por lo que se le confiere un papel adaptativo primordial: es útil para manejar las relaciones con los demás y poder desarrollar, a mi parecer, algo fundamental y ausente en nuestras vidas: mi querida y olvidada empatía. Sintonizamos con la emoción de los demás porque la reconocemos y conectamos con ella. Es lo que hace que consueles a alguien cuando lo ves llorando y cabizbajo, cosa que no sería posible sin ese lenguaje universal fácilmente reconocible. Al mismo tiempo, es lo que permite que los demás te den apoyo cuando lo estás pasando mal.

COMPONENTE COGNITIVO: ¿QUÉ PIENSO?

Éste es el componente mental y se refiere a cómo manejamos internamente la emoción: es la interpretación subjetiva y personal. A diferencia del lenguaje conductual universal que veíamos en el apartado anterior, aquí cada uno tenemos nuestro propio guion y su respectiva película. Esto te permite identificar la emoción y bautizarla con un nombre: saber qué es alegría, qué es miedo y qué es tristeza. ¿Te imaginas no poder dar nombre a lo que sientes? Pues también puede ocurrir. Los psicólogos llamamos *alexitimia* a la incapacidad de expresar e identificar las emociones, a no poder dar nombre a lo que uno siente, a la incapacidad de conectar nuestra conducta con nuestras emociones. Es como ir con una venda en los ojos que te impide ver lo que sientes, lo que dificulta enormemente la comprensión de uno mismo y la relación con los demás. Es la ceguera total en el mundo de las emociones.

No hace falta que me reitere en la importancia de la educación emocional, pero tengo que insistir en que es imprescindible. No concibo el bienestar humano sin una buena educación emocional de base, y vivimos en un mundo en el que no se presta atención a una cuestión tan básica y necesaria, si bien es cierto que cada vez veo más intentos e iniciativas para que así sea. Ya no es sólo que sepamos identificar lo que sentimos, sino que es de urgente necesidad que aprendamos a expresarlo, a utilizar el lenguaje para transmitirlo porque, de lo contrario, puedes llegar a la conclusión de que no sabes lo que te pasa ni tampoco a los demás. Este analfabetismo emocional es observable cada vez que oímos a alguien decir: «No sé qué me pasa, pero no estoy bien».

Esto indica que esa persona carece de un lenguaje y una comprensión interna para poder expresar lo que le ocurre, y las consecuencias son la propia incomprensión y la de los demás, y la falta de apoyo a alguien que lo necesita. La soledad y el sufrimiento enmascaran en muchas ocasiones una ausencia total y absoluta de educación emocional. Creo que es hora de ir al «cole de las emociones».

Vivimos tan abducidos por esta cultura que rinde culto sólo al bienestar, a la felicidad, a tener y a disfrutar que hemos olvidado nuestra verdadera esencia. Ya ni te hablo del falso mundo de las redes sociales; bueno, sí, te hablaré en el último capítulo, así que permíteme que me desahogue más tarde. Me parece estupendo que vivamos bien, que queramos estar contentos y exprimir cada segundo de nuestras vidas, pero es en esa exclusividad y en la dosis en la que vivimos inmersos donde se produce el error y el daño subsiguiente. Me explico, si quieres hacer paella no basta con tener sólo arroz; es obvio que sin arroz no va a haber paella, pero serán necesarios otros ingredientes para poder completar la receta con éxito. Actualmente vamos en la dirección equivocada: nos quieren hacer creer o nos convencemos de que el arroz es lo único que hace falta porque es el ingrediente estrella en la receta que deseamos, pero hay muchas más cosas que se requieren y que no estamos teniendo en cuenta. Respecto a las emociones, buscamos sólo aquellas que nos hacen sentir bien, dirigimos nuestros actos y nuestra vida a conseguir el máximo bienestar posible, y cuando vienen curvas resulta que vamos sin cinturón. No hace falta que te diga qué ocurre entonces. A continuación voy a hablarte de los ingredientes reales, básicos y presentes en esta receta denominada «ser humano», y te recuerdo que TODOS, y repito, TODOS, son esenciales, valiosos e indispensables.

Cuando los psicólogos hablamos de emociones se ha establecido por consenso que, fundamentalmente, éstas son seis. Las conoces de sobra, seguro, pero te las presento: *asco, miedo, sorpresa, alegría, ira* y *tristeza.* Así de simple, o así de complicado, según lo queramos ver. Son las que me he tomado la licencia de rebautizar como: «Antes muerto que con eso», «Ay, ay, ay, que viene el lobo», «¡¿Y estooo...?!», «La vida es bella», «¡Arghfghfghf@#!» y la plañidera, persistente pero indispensable, «¡Pero qué pena más grande!». Veamos de qué va todo esto.

En relación a esta clasificación de las emociones debemos hablar de Paul Ekman, uno de los psicólogos más destacados del siglo xx. Gracias a sus estudios en el campo de las emociones, y a diferencia de ciertos antropólogos, Ekman afirma que las expresiones faciales como muestra de lo que sentimos son universales y no están determina-

das culturalmente, por lo que, en cierta manera, son inna-
tas. Pero, todo hay que decirlo, hay quien sostiene a día
de hoy que sus teorías no son del todo acertadas, pues en
algunos casos particulares o con ciertas emociones este
carácter universal no está tan claro. Aun así, es él quien
establece esta primera clasificación e incide en el carácter
universal de la expresión emocional, que parece ser que sí
está presente en las seis emociones básicas que antes te
mencionaba.

Ekman viaja a Papúa Nueva Guinea para realizar sus
estudios transculturales y observa que miembros de una tri-
bu totalmente aislada del resto del mundo son capaces de
reconocer e identificar las expresiones faciales emocionales de personas pertenecientes a otras culturas y a otros mundos con los que jamás han estado en contacto. Por este
motivo concluye que hay una universalidad en ciertas emociones que son básicas en el ser humano. A continuación
desarrollo la lista que él establece en 1972.

ALEGRÍA («LA VIDA ES BELLA»)

Ésta es la que más nos gusta a todos, la que nos hace sonreír e incluso reír a carcajadas. Nos encanta sentirla y reco-
nocerla en los demás, y es altamente contagiosa. Es la reina
de la fiesta, pero cuidadito, no es la más importante, o no
más que las otras, aunque sí la más buscada y apreciada.
No hace falta que te cuente en qué consiste. Haz un ejercicio: cierra los ojos, recuerda la última vez que la sentiste y

entenderás a la perfección de qué estamos hablando. Venga, va, cierra los ojos que te espero.

¿Qué? Has sonreído, ¿verdad? Si es que es automático. Nos dibuja una sonrisa de oreja a oreja, nos hace liberar endorfinas, nos produce una gran satisfacción, ¿qué más se puede pedir? Ésta es la alegría: el sentimiento de satisfacción y bienestar. Los movimientos musculares faciales asociados se caracterizan por subir las comisuras de la boca con la contracción de los músculos orbitales alrededor de los ojos. Una maravilla, vamos. Pero, aunque parezca mentira, también hay que aprender a regularla. No es bueno tomar ciertas decisiones cuando estamos pletóricos o muy alegres. La emoción, por muy agradable que sea, puede nublar la razón.

IRA («¡Arghfghfghf@#!»)

Aquí sentimos en nuestras propias carnes el sentimiento de enfado, de indignación, quizás de injusticia porque consideramos que hemos sido agraviados u ofendidos. Nos encendemos como antorchas e incluso podemos sentir cómo nos sube el calor de los pies a la cabeza. Es útil, como todas las demás, pero altamente peligrosa si no llegamos a controlarla o regularla. Desde ella podemos cometer auténticas atrocidades. Las explosiones de ira desmesurada y la falta de control pueden tener consecuencias muy desagradables para ti y para los que te rodean. Tienes derecho a enfadarte, eso siempre; pero tienes el deber de no proyectar tu ira contra los demás o hacia ti mismo de forma auto-destructiva.

Así que cuando el semáforo está en rojo para. Deja que se ponga en ámbar y empieza a caminar desde el verde; hacerlo a la inversa acaba en atropello seguro. Se la reconoce facialmente porque juntamos y estrechamos los labios, apretamos los párpados inferiores y, en ocasiones, empujamos la mandíbula hacia delante. Si no controlamos la ira involucionamos y dejamos de ser *sapiens* para volver a ser neandertales. Deja que te acompañe el neandertal, pero debes ser tú, *sapiens*, quien tome las decisiones y el control de la situación. No puede ser de otro modo si quieres salir airoso de un enfado.

Asco («Antes muerto que con eso»)

Es la repulsión personificada, la sensación de desagrado y rechazo ante algo o alguien. Es altamente útil desde el punto de vista de la preservación de la especie, porque seguramente nos ha protegido a lo largo de nuestra evolución evitando que ingiriéramos ciertos alimentos que debido a su olor o estado habrían resultado altamente peligrosos, cuando no mortales. La activación fisiológica en este caso puede ser tan intensa que llega a provocarnos náuseas o incluso el vómito, además de aumentar las frecuencias cardíaca y respiratoria y nuestra tensión muscular.

Es una gran señal de alerta para evitar una situación, circunstancia o persona molesta, repugnante o repulsiva para nosotros. La solemos expresar arrugando la nariz, curvando el labio superior y, en ocasiones, sacando la lengua como si fuéramos a vomitar en cualquier momento. Recuerda la cara de tu madre o de alguno de tus mayores cuando eras pequeño y te decían: «Eso no, caca», pues ésa es la cara del asco. Es muy desagradable y potencialmente necesaria, curiosa paradoja que nos vuelve a recordar la importancia de cada una de nuestras emociones y su conveniencia en nuestras vidas.

MIEDO («Ay, ay, ay, que viene el lobo»)

Es la que nos hace sentir que el peligro está a la vuelta de la esquina o delante de nuestras narices. Se produce ante una amenaza, y nuestro cerebro se activa para que sintamos terror y pongamos en marcha dos mecanismos directamente implicados en nuestra propia supervivencia: escapar o atacar. Se nos dibuja en la cara porque solemos levantar y juntar las cejas, tensamos los párpados inferiores, los labios se extienden en horizontal y la boca se abre ligeramente.

A pesar de su importancia es, junto con la tristeza, la emoción de la que más intentamos huir. Hemos oído tantas veces: «No hay que tener miedo», «No tengas miedo» o, peor aún, «El miedo es de cobardes», que llegamos a la errónea conclusión de que cuando aparece no es porque haya algún peligro acechando, sino que algo hemos hecho mal. Sustituye el «no tengo miedo» por el «voy a seguir viviendo a pesar de tener miedo». Otra cosa muy distinta es el miedo bloqueante o persistente fruto de la hiperreflexión y de la ansiedad anticipatoria, donde el peligro real no existe sino que lo fabricamos en nuestra mente, donde el lobo no es de verdad sino que es el del cuento. Aquí el miedo se convierte en una emoción altamente disfuncional. Es una emoción muy desagradable pero no negativa, porque en ocasiones nos ayuda a alejarnos de algo o de alguien que supone un peligro o una amenaza potenciales para nosotros, nos mantiene en alerta. Vivir sin miedo ni es posible ni es efectivo. Vivir sólo con miedo no nos mueve a la acción; más bien al contrario, nos mantiene estáticos, paralizados y sin saber qué hacer. Si ves al lobo, actúa; si crees que va a venir pero ni lo ves ni hay indicios de que vaya a venir, ni caso.

Sorpresa («¡¿Y estooo...?!»)

Es el asombro ante algo inesperado, ya sea positivo o negativo. De entrada parece tener poco interés, desde el punto de vista psicológico, pues carece de la fuerza que tienen las demás; sobre todo tres de ellas: alegría, miedo y tristeza, que vendrían a ocupar el pódium en el medallero oficial de las emociones, ya que son las peor reguladas y las que más quebraderos de cabeza nos provocan.

Su función parece estar clara: ante nosotros hay algo nuevo, bueno o malo, pero inesperado, con lo cual su objetivo es evidente: debemos prestar atención. Y aquí se prepara una rápida respuesta cognitiva para activar nuestro sistema de alerta. En nuestra cara se dibuja el característico alzado de cejas hasta el punto de arrugar la frente, los ojos se abren de manera desmesurada y abrimos la boca como si nos fuéramos a comer una hamburguesa triple.

Por lo general es una emoción muy breve en el tiempo que puede ser previa a la aparición de otra emoción: sentimos sorpresa durante unos instantes para pasar a sentir alegría, asco, ira, tristeza o miedo. Se hace evolutivamente necesario anticipar en este caso para ofrecer después algún tipo de respuesta ante los hechos que nos ocurren, para poder afrontar nuestro día a día.

TRISTEZA («¡Pero qué pena más grande!»)

Hemos visto juntos la importancia de sentir, de permitir que las emociones encuentren su lugar y de darles permiso para que puedan expresarse, con cierto control. No te dejes llevar ni convencer por ciertas creencias acerca de lo que algunos dicen que debería ser pero no es. Lo más relevante es aceptar que eres humano y todo lo que te he contado en este capítulo viene de fábrica.

Veamos en un cuadro resumen cómo podemos manejar este equipamiento de serie para que no se nos compliquen las cosas:

	¿QUÉ CONVIENE?	¿QUÉ NO CONVIENE?
ALEGRÍA	Disfrutarla Compartirla Sentirla y vivirla intensamente	Tomar decisiones precipitadas Reírnos o burlarnos de los demás
IRA	Aceptar el enfado Pensar antes de actuar	Actuar si se está muy enfadado Agredir y proyectarla en otros
ASCO	Identificar y comprender su origen Actuar en consecuencia, de forma moderada y racional	Descalificar y menospreciar lo que no sea de nuestro agrado
MIEDO	Aceptarlo Entender hacia dónde nos dirige o qué nos está queriendo decir (huir o atacar) Gestionarlo correctamente	Anticipar temores inexistentes Dejar de hacer las cosas por tener miedo Bloquearnos Pensar que es de cobardes Negarlo y querer vivir sin él
SORPRESA	Analizar qué hay detrás de lo que es nuevo e inesperado Disfrutar de las sorpresas que nos da la vida o los demás	Actuar impulsivamente Sobrevalorarla y anticipar sin parar Rechazar siempre lo inesperado, lo que no conoces
TRISTEZA	Aceptarla como algo necesario en nuestras vidas Dejarle su espacio y su momento Compartirla con los demás y pedir ayuda o apoyo si se necesita Dejar que se exprese libremente: llorar Darse permiso para estar triste	Tomar decisiones importantes Intentar disimularla, reprimirla o camuflarla Forzarte a sonreír y a estar alegre Dejar que lo «tiña» todo de azul

---

PSICO-PÍLDORAS

«SENTIR EMOCIONES ES LO QUE HACE
A NUESTRA VIDA RICA.»

DANIEL GOLEMAN

- TÚ ESCOGES: NO SENTIR PARA NO SUFRIR O SENTIR PARA VIVIR

- NO HAY EMOCIONES BUENAS O MALAS, TODAS ELLAS SON ÚTILES

- ACEPTAR LA TRISTEZA ES EMPEZAR A DESPEDIRLA

- LA FELICIDAD NO ES LA AUSENCIA DE MALESTAR

- SI ENMUDECES LA EMOCIÓN, TU CUERPO GRITARÁ

- PIENSAS, HACES Y, SOBRE TODO, SIENTES. ESO SIGNIFICA QUE ESTÁS VIVO

2

Los mundos de Yupi

Seguro que muchas veces has oído o incluso usado la expresión «vivir en los mundos de Yupi», que se basa en la serie de televisión de finales de los ochenta que tenía el mismo título. Hace referencia a no tocar con los pies en el suelo, a vivir en un mundo poco realista donde los problemas no existen y en el que uno es inmensamente feliz, en todo momento y bajo toda circunstancia. Es decir, que si alguien vive en los mundos de Yupi está apartado por completo de lo que es real. ¿Optimismo? No, una falsa felicidad que te puede traer muchos más problemas que beneficios.

No quiero ser una aguafiestas ni una pesimista empedernida (¡qué horror!), pero como psicóloga veo a diario sentadas frente a mí a muchas personas con desgaste emocional, con sensación de inutilidad y con un sentimiento de culpa como un piano porque no consiguen vivir en sintonía con las frasecitas que leen cada día en su taza de café, en el neceser de su maquillaje, en su funda de móvil o en el calendario que hay colgado en la pared de su casa o su oficina. Porque hay todo un *merchandising* asociado a la felicidad, y la verdad es que como negocio es altamente rentable. Ojo, yo también las tengo y algunas de ellas son grandes mensajes positivos para nuestra mente, pero de ahí a hacer de todas ellas una única filosofía de vida o un dogma dista un mundo entero. Buscar la felicidad es algo que, en el fondo, todos anhelamos. Y no está mal que sea así. Buscarla como único ingrediente en nuestra vida nos puede arruinar la receta completa: eso ni existe, ni es real ni es verdad.

Los psicólogos llevamos tiempo insistiendo en la influencia del pensamiento sobre nuestras emociones y sobre lo que finalmente acabamos haciendo o no en nuestro día a día. En este sentido, y que no se me confunda, soy una gran defensora del pensamiento positivo como favorecedor del bienestar emocional. No cabe duda de que quien piensa continuamente en desgracias, en que todo le va a ir mal y en que no vale para nada, a buen seguro actuará de oráculo o de profeta y su pesimismo crónico acabará convirtiéndose en una realidad triste, agotadora y le dejará la autoestima por los suelos. Recuerdo una noche charlando con unos amigos en la que fantaseábamos con que nos pudiera tocar un premio multimillonario, y uno de ellos dijo: «Pufff, qué horror. Tendría que pagar muchos impuestos, estaría sufriendo por si pierdo lo ganado y, encima, si alguien se enterara podría secuestrarme». ¡Olé la positividad! En el fondo hablaban sus miedos y deben ser respetados, pero no me diréis que quien piensa así, incluso cuando fantasea con tener la cuenta repleta de billetes, se puede estar perdiendo muchísimas cosas al tener un sesgo absolutamente negativo ante cualquier realidad, aunque se trate del sueño de muchos.

Del mismo modo, en la otra cara de la moneda, hay quien cree que si se lo pide al universo éste finalmente le dará el boleto con seis aciertos y el complementario. Yo le invitaría a que enderezara sus cervicales hacia el frente, no vaya a ser que de tanto pedir al firmamento acabe pidiendo cita en el fisioterapeuta con una buena contractura en el trapecio.

Te parecerá una barbaridad, pero hay quien sigue creyendo que la Tierra es plana. De hecho, hay un movimiento muy popular en Estados Unidos donde actualmente se imparten charlas y conferencias que defienden esta teoría, son los llamados «terraplanistas». Pero la Tierra no es plana y el Sol tampoco gira a nuestro alrededor. Cuesta creérselo, ¿eh? Pues se venden ciertas barbaridades y creencias a personas que, desde la desesperación o la falta de recursos para hacer frente a su sufrimiento, compran la oferta (y no tan oferta) en busca de una felicidad total y absoluta. Repito: la Tierra es redonda y la felicidad total y absoluta, por fortuna, no existe.

Hace ya décadas que desde la psicología ha quedado ampliamente demostrado el efecto de nuestros pensamientos sobre nuestras emociones e incluso sobre nuestro organismo. Gracias a los estudios en neurociencia y funcionamiento de nuestro cerebro, los investigadores han observado que los pensamientos positivos, junto con las emociones agradables que generan, liberan ciertas sustancias que contribuyen a la sensación de bienestar generalizado. La serotonina, la dopamina y la oxitocina son hormonas que se encargan de hacernos sentir en el séptimo cielo, vendrían a ser algo así como «el trío de la felicidad» (en el sentido neuroquímico y temporal, obviamente).

Por contra, las situaciones de rumiación o hiperreflexividad negativa persistente y cronificada en el tiempo, con el subsiguiente estrés generado, favorecen la liberación de cortisol, una hormona esteroidea que origina unos cambios fisiológicos nada deseados ni deseables en nuestro organismo. Hay una gran conexión entre cómo pensamos, de qué modo pensamos, qué sentimos y cómo nos encontramos físicamente, de eso no hay duda. Siempre recuerdo la cita milenaria «Mens sana in corpore sano», que seguirá estando vigente mientras el ser humano esté sobre la faz de la tierra.

La cara es el verdadero espejo del alma, o de nuestro cerebro, en este caso. No es nada raro que tras un disgusto, una discusión o un mal momento los demás nos digan que no tenemos buen aspecto o nosotros seamos conscientes de ello cuando nos miramos en el espejo. La neuroquímica de nuestro cerebro está íntimamente relacionada con los procesos mentales que utilizamos, con cómo manejamos las emociones, y todo ello es observable en nuestro organismo. Y justo en esos momentos es cuando muchas mujeres echan mano del maquillaje para disimular la infelicidad en su rostro, o nos ocultamos bajo unas gafas de sol o simplemente contestamos: «No me pasa nada. Estoy bien», negando de nuevo o intentando disfrazar el dolor; pero de eso te hablaré más adelante.

Hay cuatro sustancias que tienen un protagonismo esencial en el campo de nuestras emociones: cortisol, dopamina, oxitocina y serotonina.

CORTISOL Y ESTRÉS

Cada vez que se te altera el ritmo cardíaco, te sudan las manos y te sube esa «cosa» desde los pies hasta la cabeza hay una hormona a raudales en tu riego sanguíneo: el cortisol. Es bueno que exista, piensa que sin ella no te prepararías para la acción, pero cuidadito, porque cuando se elevan sus niveles, sus efectos negativos son superiores a las ventajas para las que fue diseñada: estarás estresado constantemente, serás incapaz de relajarte, tu irritabilidad será más que evidente, sobre todo para los que te rodean, y además sufrirás ciertos cambios metabólicos nada deseables y tus músculos se destruirán. Es un *shock* demasiado fuerte para tu organismo, así que actívate lo estrictamente necesario para la acción.

DOPAMINA, RECOMPENSA Y DESÁNIMO

Este neurotransmisor va muy ligado a las emociones y las sensaciones relacionadas con la recompensa y la complacencia. Su existencia te garantiza que sientas alegría, entu-

siasmo, optimismo y satisfacción, con lo cual se retroali-
mentará en cada una de las acciones que te encaminen a
sentir bienestar. Te dirá: «Vuelve a hacerlo, que me sentía
muy bien». Pero ojito aquí también: no todo lo que te pro-
porciona placer es recomendable. En los procesos de adic-
ción a ciertas sustancias, la dopamina es la auténtica protagonista. Lo malo es que te va a pedir más y más dosis para
sentir más o menos lo mismo que la primera vez: un peligro. Por contra, la carencia de ella te llevará a la tristeza, al
desánimo y a la falta de motivación, entre otras muchas
cosas. La clave es mantenerla en unos buenos niveles, sin
dispararla artificialmente porque el efecto rebote es devas-
tador. ¿Qué hacer entonces? Actividades que te gusten,
que te compensen, que te hagan sentir bien y que no sean
perjudiciales para ti.

OXITOCINA Y CONTROL DE LAS EMOCIONES

Las mujeres que han sido madres la conocen bien pues está
muy relacionada con el parto y la lactancia. Es la responsable de activar las contracciones en el útero y no son pocas
las mujeres que han necesitado de su ayuda para poder dar
a luz. Ahora bien, y en lo que nos ocupa, es una sustancia
necesaria para el apego, para promover el vínculo con los
demás y sentir empatía. Por eso, con toda la ironía y el humor del mundo, no vendría mal que la vendieran en farma-
cias a ciertas dosis para que más de uno pudiera despren-
der algo de humanidad. Lo repetiré a lo largo del libro y

discúlpame si me pongo pesada, pero creo que la falta de empatía imperante es el origen de muchos males actuales.

SEROTONINA Y BIENESTAR

Es el principal neurotransmisor relacionado directamente con la depresión. A estas alturas ya sabemos que niveles muy bajos de esta sustancia nos llevan a un estado depresivo, pero queda por determinar si es la escasez del neurotransmisor la que origina el estado de infelicidad o bien la propia depresión la que hace bajar sus niveles. Asimismo, unos buenos niveles de esta sustancia están asociados con el deseo sexual y con la maravillosa capacidad de enamorarnos de otra persona. Es la reina de la fiesta. No en vano, la química del amor es la más fuerte de todas las drogas. Ahora bien, como siempre, un exceso de serotonina, producido normalmente por la ingesta masiva de ciertos fármacos o drogas, puede conducirnos al peligroso *síndrome serotoninérgico*, caracterizado por alteraciones mentales, hiperactividad autonómica, intranquilidad, agitación, confusión, desorientación y, en casos graves y extremos, coma e incluso muerte.

Así que nuestro bienestar emocional depende de la neuroquímica activada en nuestro cerebro, y éste, a su vez, de cómo procesamos la información acerca de lo que nos ocurre en nuestra vida, de nuestra actitud frente a ella y de una construcción real y realista de nuestro día a día, más que de una serie de mantras repetidos una y mil veces, esperando que la fuerza de la repetición o la creencia ciega en ellos sin acción por nuestra parte nos conduzca a un mundo maravilloso lleno de alegría y satisfacción; a los mundos de Yupi, vamos.

La psicología siempre se ha preocupado y ocupado de qué es la felicidad y qué hacer para poder ser felices. De entrada, decir que la felicidad no es sólo la ausencia de sufrimiento o de tristeza. Podemos no sufrir y no estar tristes sin que esto signifique que estemos felices. De hecho, no hay ni siquiera consenso para definir la felicidad desde la psicología. Es un concepto abstracto. Es más una construcción teórica difusa que algo que pueda ser claramente definido.

Le he dado vueltas a cómo podría definir la felicidad y me vienen a la cabeza muchas palabras: «alegría», «optimismo», «entusiasmo», «satisfacción», etc., quizás porque creo que es un estado (que no un rasgo) compuesto por muchas sensaciones. Digo «estado» porque considero que se trata de algo transitorio y puntual, y ahí reside su gracia. Fíjate que decimos «soy feliz» más que «estoy feliz», pero no decimos «soy triste». Eso sonaría fatal, ¿verdad? «Estoy triste» suena mucho más natural y no hacemos lo mismo con la felicidad. ¿Por qué? Creo que en esta sutil diferencia radica la dificultad de la que te hablaba al inicio de este capítulo: hoy en día nos dirigen hacia «ser felices» cuando en realidad deberíamos ocuparnos de dirigir nuestros esfuerzos en «estar felices» la mayor parte del tiempo, pero no siempre, aceptando que habrá momentos en los que nos sentiremos hundidos en el más hondo de los pozos.

Veamos cómo la definen por ahí:

Del lat. Felicitas, -atis
1. f. Estado de grata satisfacción espiritual y física.
3. f. Ausencia de inconvenientes o tropiezos.

Fuente: *RAE*

La felicidad es una emoción que se produce en un ser vivo cuando cree haber alcanzado una meta deseada. Suele ir aparejada a una condición interna o subjetiva de satisfacción y alegría.

Fuente: *Wikipedia*

La felicidad es un estado del ánimo que supone una satisfacción.

Fuente: *Definición.de.*

La verdad es que en todas ellas aparecen las palabras «satisfacción» o «alegría». Pero si hay una definición, bajo mi punto de vista, que va en la línea equivocada precisamente por todo lo que estamos hablando aquí es la de la Real Academia Española: «Ausencia de inconvenientes y tropiezos». Pues no, señores. Creer que la felicidad es eso tiene sus efectos psicológicos. Si te pregunto: ¿Alguna vez en tu vida has vivido con ausencia total de inconvenientes y tropiezos?, seguramente me contestarías: «Que no, Sònia. Que he tenido inconvenientes y tropiezos y a pesar de eso he vivido momentos muy felices». Querido lector, tienes toda la razón, y ahí está la clave.

Me gusta mucho más hablar de bienestar que de felicidad. De hecho, me provocan cierto rechazo o cuando menos desconfianza todos los seminarios o cursos que se anuncian con frases del tipo: «Claves para ser feliz», «Consigue la felicidad en tu vida», «¿Quieres ser feliz? Te cuento cómo», «El curso que cambiará tu vida y te hará plenamente feliz», y si encima son capaces de hacerlo en un par de horas o en un fin de semana, no sé si quitarme el sombrero o tomarme un buen antihistamínico para calmar mi urticaria.

Centrémonos más en buscar nuestro bienestar
psicológico porque éste, irremediablemente,
nos conducirá a momentos de felicidad plena y real.

Hablemos de lo que desde la psicología se acerca más a este concepto de bienestar: es el positivismo bien entendido, lo que llamamos *psicología positiva* que, lejos de apartarnos de la realidad, nos ayuda a percibirla de la manera más adecuada con la mejor de las actitudes, teniendo en cuenta que habrá momentos en los que deberemos enfadarnos, tendremos que llorar, sentiremos mucho asco e indignación y deberemos hacer frente a situaciones y a personas que jamás habríamos deseado en nuestra vida. Creer que todo va a ir bien sin hacer nada no es el camino más adecuado. Creer que podremos hacer frente a los obstáculos manteniendo una visión constructiva, sin visiones fatalistas ni catastróficas, realmente sí puede sernos muy útil.

La primera persona que habla de ello es el psicólogo Martin Seligman, quien en 1998, en el discurso inaugural como presidente de la APA (American Psychological Association), introduce el término «bienestar». Fíjate que desde la filosofía clásica llevamos siglos hablando de felicidad, pero la conceptualización de positivismo y bienestar como aspectos concretos en los que nosotros somos protagonistas de forma activa es muy reciente; ya no se trata de constructos abstractos o poco claros de objetivos a conseguir en nuestras vidas.

Seligman habla de la felicidad como de algo muy alejado de nuestra belleza física o nuestro estatus social (fíjate aquí la cantidad de veces que la publicidad nos vende la felicidad como algo relativamente fácil de conseguir si utilizamos ciertas cremas o determinados productos para ser más guapos o adquirimos ciertos artículos que indican que tenemos un alto poder adquisitivo). De hecho, hablar de Seligman es aportar una nueva visión, introducir aire fresco en el terreno de la psicología, marcando una diferencia de enfoque. Hasta entonces la psicología había hecho un gran trabajo de clasificación de los trastornos mentales y las características clínicas de la personalidad, pero Seligman y su colega Chris Peterson se preguntan: «¿Por qué si existe una clasificación de trastornos mentales no hay una de las fortalezas humanas?».

La respuesta a esa pregunta muestra que la felicidad es

una combinación de muchos factores. Estos dos psicólogos postulan que el concepto de «virtud» o «fortaleza» hace referencia a todas las capacidades representativas de rasgos positivos en nuestra personalidad, que pueden llegar a adquirirse con nuestro propio esfuerzo. Según Seligman, éstas serían nuestras veinticuatro fortalezas personales, todas ellas agrupadas en seis virtudes:

Sabiduría y conocimiento
Hace referencia a las fortalezas cognitivas que nos empujan hacia y facilitan la adquisición de conocimientos. Aquí entran en juego el ser *creativos*, *curiosos*, tener cierta *apertura mental* y no ser rígidos de pensamiento, querer y *amar saber*, tener interés por aprender y desde una buena *perspectiva* ser capaces de orientar o aconsejar a los demás para intentar comprender mejor el mundo y ayudar a que otros también lo hagan.

Coraje
No en el sentido de un caballero medieval con armadura que es capaz de vencer a todos los villanos o matar al dragón. No es este tipo de valentía. En este caso el autor se refiere a nuestras herramientas y fortalezas emocionales para hacer frente a esos momentos en los que la vida nos va a poner piedras, o incluso rocas, en el camino. Las fortalezas aquí son la *valentía* entendida como el no abatirse ante la dificultad o el dolor, la aceptación en el fondo y la orientación a pasar a la acción. Eso requiere de *persistencia*, de *integridad* a la hora de

ser honestos y sinceros con nosotros mismos y con los demás, así como de tener *vitalidad* a modo de motor y energía que nos encamine siempre hacia la acción para poder salir adelante.

Humanidad

Esta virtud es para mí una de las más importantes y, desgraciadamente, brilla por su ausencia a día de hoy. Creo que el mundo sufre una epidemia de falta de humanidad y de empatía hacia el otro. Se entiende la humanidad como esa capacidad de amar, querer y cuidar a los otros. Para ello es necesario la presencia de *bondad*, de *amor*, de amabilidad, de cierta *inteligencia social* y emocional para poder tener un buen autocontrol, unas habilidades sociales y, sobre todo, una empatía hacia el prójimo, lejos del «sálvese quien pueda y si yo soy el primero, mejor» imperante en nuestros días.

Justicia

Creo que en ocasiones el mundo no es un lugar justo y debemos acostumbrarnos a ello; otra cosa es que nos convirtamos en generadores de esa injusticia. En este sentido, Seligman aboga al sentido de justicia y *equidad*, de tratar a todas las personas como iguales en cuanto a derechos universales, dejando de lado ciertos arranques emocionales puntuales o prejuicios para poder tratar a los demás con imparcialidad. Las fortalezas hacen referencia a la responsabilidad social o *ciudadanía* que nos permite formar parte de la sociedad, del grupo social en el que vivimos, siendo leales y sintiéndonos parte de él. La virtud del liderazgo es importante para el autor en la dirección de animar y motivarnos a hacer algo dentro del grupo, a organizar la acción para el bien común.

Templanza o moderación

Esta virtud sigue el precepto de Paracelso cuando afirmaba: «El veneno está en la dosis», y la felicidad, por qué no, añado yo, en la moderación y el equilibrio. Es la virtud que nos impide pasarnos de la raya con las consecuencias nefastas que esto podría tener para nosotros y para los demás. Aquí entran las fortalezas del *perdón* (pero déjame que te diga que también tienes el derecho a no perdonar), que nos permite dar segundas oportunidades a quienes nos han hecho daño, entendiendo, en vez de juzgar, por qué hicieron o no hicieron ciertas cosas; la *humildad* para no creerse por encima de nadie; ciertas dosis de autorregulación y *autocontrol* emocional para no herir a los demás, y prudencia o discreción para ser *cuidadoso* con quienes nos rodean.

Trascendencia

Esta virtud me encanta porque aporta la fortaleza de la *espiritualidad* (no necesariamente religiosa, pero puede llegar a serlo si ésas son tus creencias). Me gusta porque Seligman le confiere el significado de sentido, de propósito o de religiosidad, para quien quiera dárselo. ¿Qué sentido tiene una vida sin sentido? Para mí ninguno. Necesitamos una filosofía de vida para poner en marcha el motor, un propósito elevado que nos lleve a poner un pie al lado del otro para poder levantarnos día tras día. Quien pierde el sentido, en muchas ocasiones, cae en el terrible sentimiento de vacío total y absoluto. Seligman nos invita a poner en marcha la *gratitud* para focalizar la atención en las cosas buenas que nos ocurren y no centrarnos tanto en lo negativo, a *apreciar la belleza* que nos rodea. Cree necesaria cierta dosis de *humor* (completamente de acuerdo, creo que el sentido del humor es en ocasiones el más necesario de los sentidos), y finalmente nos invita a mantener la *esperanza* o cuando menos el optimismo para tener una actitud positiva que nos facilitará mucho las cosas.

Entonces ¿qué es la felicidad o este ansiado estado de bienestar emocional? La respuesta es sencilla: trabajar día a día para tener la certeza de que poseemos cada una de las virtudes y fortalezas anteriormente descritas porque nos permitirán gozar de muchos momentos felices.

Como habrás observado, lo que nos propone Seligman no se encuentra en la caja de herramientas de los mundos de Yupi. Algunas de las fortalezas son necesarias para hacer frente a los peores momentos, no son pócimas mágicas prescritas para ir sonriendo las veinticuatro horas del día. Repasemos en qué deberíamos centrarnos para acercarnos lo máximo posible a ese estado de bienestar y equilibrio que, ése sí, todos ansiamos y en el cual podemos trabajar:

VIRTUD	FORTALEZA
SABIDURÍA Y CONOCIMIENTO	Curiosidad, amor por el aprendizaje, mentalidad abierta, creatividad, perspectiva
CORAJE	Valentía, persistencia, integridad, vitalidad
HUMANIDAD	Bondad, amor, inteligencia social
JUSTICIA	Civismo, imparcialidad y equidad, liderazgo
TEMPLANZA O MODERACIÓN	Perdón, prudencia, humildad, autocontrol
TRASCENDENCIA	Disfrute de la belleza, espiritualidad, gratitud, humor, esperanza

Fuente: Martin Seligman

Sólo con pensar de forma positiva no conseguiremos
la felicidad anhelada, pero sí es un
ingrediente necesario, entre muchos más,
para construir una realidad mucho más
amable que nos permita vivir de un
modo satisfactorio.

Las fortalezas mencionadas no se pueden conseguir de un día para otro o en un curso de fin de semana, requieren de nuestra persistencia, constancia y, sobre todo, coherencia con nosotros mismos y nuestros valores para ir desarrollándolas día a día. A partir de sus trabajos, Seligman concluye que la felicidad, o algo que se le parezca, puede conseguirse trabajando tres dimensiones claramente diferenciadas:

1. Vida placentera

Que no hedonista o basada en la satisfacción material o física inmediata. Esta vida no consiste en la búsqueda del placer, sino en saber promover nuestras emociones positivas y que éstas sean duraderas en el tiempo, encaminando nuestros pensamientos y acciones a sentirnos bien.

Evidentemente se hace necesario tener lo más básico cubierto, según parámetros de Abraham Maslow y sus necesidades básicas: alimentación, seguridad, reconocimiento, etc.

Además, no hay que viajar mucho hacia el pasado donde no encontraremos más que pena o culpa, y tampoco anticiparnos en exceso y sólo viajar hacia el futuro pues esto nos generará ansiedad, miedo e incertidumbre, sino más bien vivir en el presente teniendo en cuenta lo ocurrido y haciendo planes para mañana. Si vivimos con atención plena lograremos aprender de nuestros errores, a ser condescendientes con nosotros mismos acerca de lo que nos sucedió en el pasado y no machacarnos tanto por ello. Por otro lado, podremos mirar hacia delante con una actitud mucho más positiva.

2. Buena vida

Nos propone aquí ser buenos arquitectos y no construir edificios con cimientos débiles, como la búsqueda del éxito, el querer tener mucho dinero o ser eternamente jóvenes. Una buena base para este tipo de construcción implica buscar siempre nuestro máximo potencial humano, ya que sólo así conseguiremos algo mucho más duradero que la felicidad: la libertad y la plenitud.

3. Vida significativa

Recuerda el sentido del que hablábamos unas líneas más arriba. Aquí se busca el desarrollo de todas las virtudes y fortalezas que nos pueden encaminar a sentirnos más felices y también algo muy importante que se olvida en muchísimas ocasiones: hacer que los demás se sientan felices. Mucha felicidad de oferta se basa sólo en la búsqueda de la propia satisfacción, olvidando que somos seres gregarios y vivimos rodeados de otras personas. Quizás ése sea el verdadero sentido de la vida: darle un sentido a través del desarrollo propio y el amor hacia los demás; eso sí, sabiendo poner límites y despidiéndote de ciertas personas si realmente no aportan nada a tu vida o no hacen más que restar.

Me gustaría que este capítulo te hiciera reflexionar acerca de si un exceso de pensamiento positivo puede tener un efecto negativo en nosotros. Me temo que sí, que puede llegar a enmascarar una falta de fortalezas y virtudes y una visión muy poco realista de la realidad.

En ¿*Vives o sobrevives*? (Grijalbo, 2016) hice un repaso del refranero popular y lo taché de impopular precisamente por todos los mensajes subyacentes que en ocasiones se encuentran en el lenguaje que utilizamos a diario, que hemos interiorizado y que ni siquiera nos cuestionamos. Pues en este boom de optimismo que estamos viviendo actualmente también hay ciertas frases que pueden llegar a hacer más mal que bien.

Imagínate que te ha dejado tu pareja o que has perdido el trabajo y alguien, siempre con la mejor de las intenciones, te suelta: «Al mal tiempo buena cara» o «No hay mal que por bien no venga». No cabe duda de que tienen un buen mensaje de fondo, pero en cuanto a empatía pierden por goleada, ya que seguramente sientes que no conectan con tu dolor, que no te entienden del todo o, peor aún, que no hacen más que quitar importancia al sufrimiento y enmascararlo con una sonrisa como si no ocurriera nada. Esto no es optimismo. Las cosas no se arreglan sólo con poner buena cara, faltarán muchos elementos más.

Por eso es importantísimo conectar con cada una de nuestras emociones, por muy desagradables que nos resulten, y huir del querer estar siempre bien. Reconocernos en los malos momentos y tener habilidades para poner en marcha mecanismos y salir adelante: esto sí es algo que forma parte de la vida, de la vida real. En los mundos de Yupi el sufrimiento no existe, y si no existe el dolor, ese mundo no es real. Ver el pensamiento positivo por sí solo como el precursor de una vida plena y feliz de color de rosa es una gran trampa porque te aseguro que, en ocasiones, incluso en un mismo día, podemos tener frente a nosotros toda la paleta de colores del arcoíris y, que yo sepa, el rosa no está.

Tienes derecho a pensar de forma negativa, a sentir miedo, a creer que las cosas van a ir mal, a no estar seguro, a cambiar de opinión e incluso a deshacer lo andado. Da permiso a tus miedos para que puedan expresarse libremente, pero ponte manos a la obra para que no acaben apoderándose de ti. En este fino equilibrio reside muchas veces la clave del bienestar emocional.

PSICO-PÍLDORAS

«EL PESIMISTA SE QUEJA DEL VIENTO; EL OPTIMISTA ESPERA
QUE CAMBIE; EL REALISTA AJUSTA LAS VELAS.»
WILLIAM GEORGE WARD

- LA ACTITUD NO LO ES TODO, ES NECESARIO QUE VAYA
  ACOMPAÑADA DE UNA VISIÓN REALISTA. PENSAMIENTO
  Y ACTITUD OPTIMISTAS PERO SIENDO REALISTA ES LA
  MEJOR COMBINACIÓN

- VENDER EL PENSAMIENTO POSITIVO COMO SINÓNIMO
  DE FELICIDAD ES UNA GRAN ESTAFA. CREER QUE SÓLO
  CON ESO LAS COSAS SE SOLUCIONARÁN NO ES LA
  MEJOR VÍA PARA HACER FRENTE A LAS DIFICULTADES
  DE LA VIDA

- TIENES QUE DARTE PERMISO PARA PENSAR EN
  NEGATIVO, DUDAR Y TENER MIEDO. ESO ES HUMANO

- LOS MUNDOS DE YUPI EXISTEN EN LA FICCIÓN.
  LA REALIDAD ES DISTINTA Y NO NECESARIAMENTE PEOR

- EL FALSO OPTIMISMO PUEDE GENERAR CULPA Y UNA
  VISIÓN POCO REAL DE LO QUE SOMOS Y LO QUE NOS
  RODEA

3

La antiterapia del tanatorio

Lo paso mal en los tanatorios, y en esto no creo que sea muy distinta a la mayoría de los mortales (nunca mejor dicho), pero es lo que toca en esos momentos; no por ello dejamos de ir, aunque no nos apetezca nada o incluso queramos evitarlo. El tema de la muerte siempre nos ha producido cierto temor, tristeza, ansiedad o hay quien incluso lo vive con cierto rechazo o como algo tabú, y ni quisiera desea hablar o pensar en ello, olvidando que algún día todos seremos el protagonista del velatorio. No es tanto que me asuste la muerte en sí, eso es algo que tengo asumido desde hace tiempo, si bien es cierto que lo que peor llevo en esta vida son las despedidas y la pérdida de las personas que he querido. Pero no, no es a eso a lo que me refiero, sino a cómo en esos lugares se puede observar la mitigación del dolor, o incluso la inutilidad de todos nosotros a la hora de hacer frente al sufrimiento. No sabemos sufrir, no se nos enseña a hacerlo, y es en ese tipo de situaciones cuando se pone claramente de manifiesto.

Es fácil detectarlo en lo que escuchamos dentro de esas cuatro paredes a modo de frases hechas de catálogo, que no son más que un compendio del gran manual de la anti-terapia, las frases cliché que todos deberíamos evitar pronunciar en esas situaciones. Hay ciertos intentos de muestras de condolencias y de apoyo, siempre con la mejor voluntad, que nos hacen sentir que no estamos hechos para hacer frente al dolor emocional, ya sea propio o ajeno. De eso te quiero hablar en este capítulo, y no se me ha ocurrido mejor ejemplo que el de los tanatorios.

Es precisamente en los tanatorios donde todos hacemos un esfuerzo enorme para rebajar el sufrimiento: disimulamos el propio para mitigar el ajeno. En el fondo intentamos consolar, que no está nada mal; pero, en ocasiones, desde ese intento no acabamos de conectar con la emoción porque nosotros mismos sentimos cierto rechazo o indefensión ante el sufrimiento. De hecho solemos decir con total naturalidad, e incluso como muestra de que la cosa va bien: «Qué entereza», «Está bien», «Le veo fuerte», como ejemplos de lo que debe hacerse en ese tipo de situaciones. Pues no. Es precisamente en este tipo de situaciones donde deberíamos poder expresar con total naturalidad, sin disimulo, lo que realmente estamos sintiendo. Es muy difícil, casi imposible e incluso contradictorio ser fuerte, estar entero y llevar bien cierto tipo de circunstancias vitales; la vida es así. Sencillamente no toca. Y cuidado, porque todos hacemos lo que podemos en esos momentos y en otras ocasiones en las que uno no sabe ni qué decir; quizás lo mejor sea callar y estar, simplemente: no hay mejor apoyo que el silencio presente.

¿Te has preguntado alguna vez por qué muchos nos

parapetamos tras unas gafas de sol cuando vamos a un entierro a pesar de que sea un día gris, incluso oscuro, y dicho objeto no cumpla con su cometido? Lo hacemos para ocultar nuestros ojos hinchados de llorar, para que los demás no vean el dolor reflejado en nuestro rostro, para esconder lo que es evidente: estamos tristes, no podría ser de otra manera si vamos a despedir a alguien que ha formado parte de nuestra vida. ¿Acaso sería normal ir sonrientes y con la felicidad reflejada en la cara? Claro que no, no lo sería en absoluto.

Y desde muy pronto aprendemos y enseñamos, de forma totalmente equivocada, que ante el sufrimiento es mucho mejor la evitación, y seguimos el precepto, mas erróneo si cabe, del «ojos que no ven, corazón que no siente». Cierto es que si no lo vemos no lo sentiremos, pero no es menos cierto que si no lo sentimos no aprenderemos a superarlo y, cuando nos toque, no sabremos ni qué hacer ni cómo hacerlo. Y así funcionamos desde que somos pequeños: durante mucho tiempo la dinámica ha sido alejar a los niños de esas manifestaciones colectivas de dolor y sufrimiento, algo que afortunadamente está cambiando y cada vez más se les permite también a ellos ejercer el derecho de despedirse de sus seres queridos. Fíjate en que para evitar que sufran por la pérdida, le quitamos importancia a la relevancia que tenía esa persona en sus vidas, es como si enmudeciéramos sus emociones hacia quien ya no está, como si esa persona no hubiera existido, y no es justo, no lo es en absoluto.

Solemos ver mal que un adulto que consideramos significativo en la vida de quien ha fallecido no acuda al sepelio. Lo vemos como una falta de educación y, sobre todo, de respeto; pero no ha sido así con los niños. Jamás se nos ha ocurrido pensar que quizás ellos se sientan mal si les apartamos de esa despedida colectiva. Déjame decirte que los duelos suelen ser más complicados e incluso patológicos si no se nos permite despedirnos de la persona querida, es como si se hubiera quedado una cuenta pendiente que nunca podremos saldar, y es mucho más fácil de llevar un error que algo que queríamos hacer y no hicimos, y en este caso es peor porque alguien nos lo impidió. En un intento de que no sufran y no pasen un mal rato, apartamos a los niños de algo en lo que seguramente ellos quieren participar.

Dejemos que lo hagan; obviamente, adaptando las explicaciones a un lenguaje adecuado para su edad, pero creo que los niños también deben estar ahí. Deben entender que la muerte forma parte de la vida y de que hay una serie de rituales asociados a ella. Privarles de esa experiencia no hace más que generarles confusión o dificultades para afrontar el sufrimiento en un futuro. Lo más importante es darles toda la información necesaria para que puedan hacer frente a esa situación. En este sentido, basta con que tengamos en cuenta las siguientes cuestiones:

- Explicarles cómo es el lugar que van a visitar. Qué verán, qué se hace ahí, por qué existen esos sitios y con qué finalidad nos reunimos para despedir a nuestros seres queridos.

- Decirles qué van a ver, lo que suele haber en esos sitios, cómo están diseñados, qué apariencia tienen, etc.

- Indicarles quiénes estarán ahí, tanto las personas que conocen como las que quizás no conozcan pero que también querían a la persona fallecida y desean despedirse de ella.

- Qué comentarios oirán: lo que se suele decir en esas situaciones y la naturaleza de las conversaciones, e incluso la presencia del silencio porque no hay muchas ganas de hablar ni de decir nada.

- Avanzarles las expresiones emocionales que podrán ver y transmitirles que es lo normal en este tipo de situaciones, y que todas las emociones cuentan porque forman parte de nosotros y tienen su importancia en nuestra vida. Eso es lo que más les acercará a la realidad, por dura que sea, y será una gran fuente de aprendizaje emocional para ellos.

- Por supuesto, permanecer en todo momento a su lado, evitando que se queden solos.

En nuestro día a día los adultos también huimos del dolor y el sufrimiento, y es algo razonablemente normal. Uno prefiere pasarlo bien antes que pasarlo mal, no se entendería lo contrario. Y en esa inutilidad a la hora de hacer frente al sufrimiento es cuando de forma casi inconsciente y automática damos mensajes de consuelo antiterapéuticos para intentar mitigar el dolor y no dejar que salga libremente y se exprese como le venga en gana. Os pongo el

ejemplo del tanatorio para introduciros en el mundo de
«qué no decir a alguien que lo está pasando mal».

Voy a abordar esta cuestión desde un punto de vista
sarcástico o con ciertas dosis de humor negro, si me lo permites, para entrar después de lleno en el mundo de los vivos, en nuestro día a día y en cómo, lejos del tanatorio, nos
comportamos de forma muy similar.

Repasemos algunas frases célebres de las que os hablaba al principio y reflexionemos sobre cómo nos hemos
sentido si por desgracia hemos sido oyentes e iban dirigi-
das a nosotros, para no utilizarlas el día que debamos ser
los emisores. Tomémoslo con cierto humor o ironía, pero
parémonos a pensar que tras esas frases en apariencia ino-
cuas, inofensivas e incluso cargadas de ánimo y compasión,
no se esconde más que la ocultación del dolor o la no expresión libre y clara del mismo.

- **«No somos nadie»**
Ésta es la primera de la lista, sin duda. Obviamente, y vale
para todas las frases que vienen a continuación, no hay
ninguna mala intención a la hora de pronunciarla, aquí se
trata más bien de un análisis del lenguaje para ver cómo en
nuestra forma de hablar ya viene inherente el intentar sufrir lo menos posible o, incluso, resignarnos para no sufrir.
Supongo que esta frase en el fondo viene a decir que todos
acabaremos igual y que no somos inmortales, aunque vivamos como si fuéramos eternos. Piensa por un momento en
si te gustaría oírla. Seguramente no te provocaría un gran
malestar ni un rechazo absoluto porque no hay intención

dañina en quien la pronuncia, pero no serían las palabras que querrías oír en ese momento. A mí me apetecería contestar algo así como: «Pues sí que era alguien, sí. Para mí lo era, pero agradezco tus palabras. Lo que has dicho es una gran verdad, aunque poco me ayuda en estos momentos. Gracias por venir». Aunque claro, esto es fácil decirlo ahora en frío, sin el dolor recorriendo cada una de nuestras venas. Lo complicado es hacerlo en el momento del que hablamos, y creo que tendría un gran efecto en quien nos dirija una frase hecha de este calibre.

• **«Siempre se van los mejores»**
Otra de catálogo, sobre todo si la persona fallecida ha muerto de forma injusta (si es que hay una manera justa de morir) o es demasiado joven. Es un gran intento de homenajear a quien se va, sin lugar a dudas. En esta frase se utiliza uno de los grandes eufemismos para evitar pronunciar «morir». Decimos «se ha ido», «nos ha dejado», «se va», «ha partido», etc. La gente que fallece no se ha ido de viaje, no se va de un lugar a otro ni nos deja para iniciar una nueva vida en otro lugar; simplemente muere, y eso es irreversible. Quien tiene que oír esta frase puede que se haga otro planteamiento: «Si era el mejor, ¿por qué se ha tenido que ir?». O, peor aún, tal vez el fallecido no fuera una buena persona: «Pues no era el mejor. La verdad es que tenía muchos defectos, pero para mí era una persona muy importante». Porque también es cierto que cuando una persona fallece todo son flores, y no sólo en forma de corona. Se alaba incluso lo inexistente, lo que no fue real, o se llega a

mentir en un intento de quedar bien puesto que está feo hablar mal de un fallecido. Es una queja generalizada el hecho de que en las salas de velatorio se viven momentos de gran hipocresía, donde todo son elogios para quien ha muerto y para quien no existieron en vida. Ni siquiera ahí mantenemos la autenticidad.

• **«Mejor así, ya descansa»**

Volvemos a los eufemismos para no decir «Mejor que se haya muerto», si eso es lo que realmente pensamos. Creo que desear acabar con el dolor físico o la enfermedad irreversible de alguien a quien quieres es algo absolutamente aceptable, e incluso algo que podríamos decidir para nosotros mismos llegado el momento. Es mucho mejor morir si no hay posibilidad de cura y tenemos dolores insoportables, que alargar una vida que ya se ha apagado y que, en el fondo, queremos mantener por el puro egoísmo de no tener que pasar por la despedida definitiva y el sufrimiento que conlleva tal pérdida. Quien pronuncia esta frase es sincero y tiene razón, pero no se trata de descanso: ha muerto. Para quien la tiene que oír, la cosa cambia: quizás ha sufrido mucho por la larga enfermedad de un ser querido hasta que finalmente ha fallecido, pero lo mejor habría sido que siguiera con vida sin haber estado nunca enfermo, porque es desde el dolor más profundo que se niega la realidad. Cuando los familiares oyen esta frase, saben que lo mejor jamás es que un ser querido nos abandone, y también que no descansa, eso lo haría en el sofá de su casa o tumbado en la playa: ha muerto. Lo peor es cuando te dicen que parece que esté durmiendo. Es bastante habitual y, francamente, es la máxima expresión de la negación de la muerte, incluso cuando es imposible que sea más evidente. Me parece que en ocasiones puede llegar a ser incluso cruel para los familiares. Un despropósito, vamos.

• **«Tienes que ser fuerte, no te hundas»**
Ésta quizás sea una de las frases más demoledoras porque las anteriores ciertamente pueden ser erróneas en la forma, pero no en su planteamiento, cuya finalidad es dar consuelo a quien está sufriendo. Pero esta frase manifiesta la más absoluta de las negaciones ante el dolor, se niega a la persona el poder sufrir y derrumbarse, es como si al pronunciarla no le diéramos permiso (si es que debemos dar permiso a alguien) para que se rompa en mil pedazos. Es casi una orden que, más que apoyar en esos malos momentos, genera presión y culpa por mostrar dolor y debilidad. En ocasiones, nos lo decimos a nosotros mismos: «Tengo que ser fuerte, tengo que ser fuerte...», y creo que cuanto más nos lo decimos, más tiene el efecto contrario.

Hay imágenes que se nos quedan grabadas en la retina y en la memoria de forma permanente. No hace falta que hagas un gran esfuerzo para recordar qué estabas haciendo el 11 de septiembre de 2001 mientras Nueva York sufría el mayor atentado de su historia cuando dos aviones impactaron contra las torres gemelas en el World Trade Center, con su posterior colapso. Seguro que lo recuerdas casi de forma inmediata. Pues hablando de lo que hablamos, me viene a la cabeza el 6 de septiembre de 1997, el día del funeral de la princesa de Gales, Lady Diana, en el que vi cómo dos adolescentes de quince y de trece años no sólo no derramaban una sola lágrima por su madre, sino que apenas se podía intuir el dolor de tal pérdida en sus rostros. Conociendo, o más bien intuyendo, el tipo de educación emocional que recibieron, no me extrañaría nada que les dijeran que no debían desfallecer ni un segundo, que no debían mostrar ni un gesto de dolor o de sufrimiento y que, ante todo, debían parecer fuertes y con total entereza ante el mundo entero. Me faltó autenticidad y realidad, francamente. Lloraba más la gente por las calles que sus propios hijos; eso no era normal. Siempre me he preguntado cómo les habrá afectado eso en su posterior duelo.

Por eso, ante esta frase, muy pronunciada además, me dan ganas de contestar: «Ni quiero ni tengo que ser fuerte en estos momentos, me hundiré lo justo y necesario y haré todo lo posible para salir adelante, pero ahora esto es lo que toca: estoy triste y hundida». Si fuéramos capaces de decirlo, sentirlo y ponerlo en práctica, aprenderíamos a sufrir y a la larga sufriríamos menos. Cuando queremos dar apoyo a alguien, es mucho más sencillo de lo que hemos visto hasta ahora. Basta con tres o cuatro palabras que resumen empatía, dolor compartido y presencia: «Lo siento mucho» o «Siento mucho lo sucedido», no hace falta más. Pero no lo hacemos, echamos mano de frases hechas que pocas veces sirven de ayuda, más bien todo lo contrario.

Y así es como, en general, nos comportamos ante el dolor: quitándole importancia, negando su existencia y haciendo un gran esfuerzo para disimularlo y que los demás no lo noten demasiado. Es bien cierto que, ante una desgracia o una mala noticia, la negación es el primer mecanismo que nuestra mente pone en marcha, es una manera de decirnos: «No quiero que esto haya sucedido». Nadie acepta de entrada ciertas circunstancias, y estamos en nuestro derecho de no hacerlo y enfadarnos o querer creer que no sea cierto. Cosa distinta es si esta negación persiste en el tiempo y la realidad sigue siendo la misma.

Si aceptáramos la realidad dolorosa, sobre todo en el caso de los duelos, nos sería mucho más fácil enfrentarnos a la muerte porque no tendríamos que intentar disimular lo que sentimos ni instaurarnos en un dolor permanente e insoportable. En el fondo, y que no se me malinterprete, en ocasiones es un acto egoísta: no queremos que la gente muera porque nosotros lo pasaremos mal cuando eso ocurra. Si aceptáramos la muerte y la pérdida, nuestros sentimientos se asemejarían mucho más a los que se recogen en este poema escocés para despedir a un ser querido que leí en Facebook:

Puedes llorar porque se ha ido,
o puedes sonreír porque ha vivido.
Puedes cerrar los ojos
y rezar para que vuelva,
o puedes abrirlos
y ver todo lo que te ha dejado;
tu corazón puede estar vacío
porque no lo puedes ver,

o puede estar lleno del amor
que compartiste.
Puedes llorar, cerrar tu mente,
sentir el vacío y dar la espalda,
o puedes hacer lo que a él le gustaría:
sonreír, abrir los ojos, amar y seguir.

En cuanto aceptamos y hacemos nuestros el dolor y la pérdida, empezamos a focalizar la atención en todo lo que hemos ganado por haber tenido a alguien así a nuestro lado, en vez de en intentar no sufrir por su pérdida o no aceptarla jamás. Cuando aprendemos a sufrir, valoramos todo lo bueno y entendemos el dolor como parte de nuestra existencia. La única manera de sufrir menos o sufrir de forma productiva es aceptando la pérdida. Y deberíamos hacer lo mismo cuando intentamos apoyar a los demás o acompañarles en su dolor: aceptación, apoyo y libertad de expresión emocional. La única manera de salir adelante es dándole espacio al sufrimiento. Como decía Anatole France: «Sabed sufrir: sabiendo sufrir, se sufre menos».

Entonces ¿por qué nos empeñamos en hacer lo contrario? ¿Por qué evitamos el sufrimiento? ¿Por qué nos cuesta tanto sufrir? ¿Por qué no sabemos ayudar a los demás o no sabemos qué hacer cuando lo están pasando mal?

Ante todo deberíamos dejar de culparnos por no hacerlo bien. En parte no es responsabilidad nuestra, ya que una sociedad excesivamente sobreprotectora y poco tolerante con el dolor nos educa en esa dirección. Basta con que notemos un pequeño pinchazo en la cabeza o en la espalda para que vayamos corriendo al botiquín a buscar un analgésico y acabar cuanto antes con ese dolor, en vez de preguntarnos qué hemos hecho o qué no hemos hecho los días anteriores: dormir poco, pensar demasiado, preocuparnos en vez de ocuparnos, adoptar una mala postura cuando nos sentamos, etc. Si hacemos eso con un leve dolor, imagínate cómo nos comportamos cuando se nos parte el alma y no hay pastillas para eso. **La vida, afortunadamente, no se medica.**

Decía Oscar Wilde: «El sufrimiento es el medio por el cual existimos, porque es el único gracias al cual tenemos conciencia de existir». Y obviamente no vamos a buscar el sufrimiento de manera deliberada para tener mayor conciencia acerca de nuestra existencia, pero tampoco deberíamos apartarlo para hacer de ésta algo mucho más llevadero, porque no será así. En todo caso, lo único que conseguiremos es que no sea del todo auténtica. El sufrimiento psicológico es inherente a la condición humana. ¿Qué deberíamos hacer entonces para sufrir mejor en vez de intentar no sufrir en nuestro día a día?

EL DOLOR FORMA PARTE DE LA VIDA

Y la tristeza, y la rabia, y el odio, y la ira, y el asco, y la decepción y otros tantos sentimientos y emociones desagradables que nos remueven las entrañas. Pero tampoco se trata de pegarnos a esta creencia y acabar con esa mentalidad de «vivir es sufrir», porque tampoco van por ahí los tiros. Hablo de una toma de conciencia acerca de lo que es la realidad, para no caer en los mundos de Yupi de los que hablábamos en el capítulo anterior. Así que cuanto más intentemos huir del dolor, más fuerza cobrará, y nos acompañará durante más tiempo del que debería.

Hay muchas experiencias vitales que no podemos escoger, que no son fruto de nuestra elección, pero sí podemos aprender a hacerles frente de una forma productiva a pesar de que lo estemos pasando mal. Se trata de aprender cómo responder ante ellas.

Aceptar sí depende de nosotros, y si no hay aceptación posible porque nos cuesta mucho, deberemos aprender a vivir con ello sin que ese dolor nos impida seguir avanzando. Es como ir por un camino empinado y en plena subida sentir dolor en los pies y decidir seguir andando, ajustando el calzado o cambiándolo si es necesario, variando el ritmo y el paso, pero sin renunciar a la senda que teníamos marcada.

Cuando queremos apoyar a alguien en esos momentos, se hace imprescindible ayudarle en esa aceptación, huyendo de frases del tipo «intenta estar bien» o «no te vengas abajo ahora», ya que por muy bienintencionadas que sean, llevan a enmascarar lo que esa persona siente. Si aceptas el dolor:

- **Reconocerás y disfrutarás mucho más los buenos momentos**, pues tendrás un buen diferenciador como guía. El dolor ayuda a reconocer el placer y el bienestar por una cuestión de contraste. En caso contrario, no podrías reconocer ese estado de bienestar.

- **Refuerza la seguridad en ti mismo y tu autoestima** en la medida en que te comprometes contigo mismo a experimentar el dolor y hacer todo lo posible para, poco a poco, ir reponiéndote. Es una convalecencia emocional, donde te cuidas para estar mejor una vez que pase el tiempo y hayas puesto en marcha mecanismos que te ayuden. Desde la negación, no hay cura.

- **Fortalece las redes sociales** (las de verdad, no las virtuales) de tu entorno ya que, por norma general, los demás suelen empatizar con nosotros cuando nos ven mal. Se nos acercan, nos apoyan y nos ayudan. Nos sirve más la presencia que el consuelo, eso también es cierto. Si no sabemos qué hacer o qué decir, basta sólo con estar, coger de la mano o abrazar. La conexión que establecemos con esas personas en estos momentos fortalece los lazos, el amor y la amistad que sentimos hacia ellas.

- **El dolor nos pone los pies en el suelo**, nos hace aterrizar de golpe y en ocasiones de manera forzosa; casi nos obliga a vivir aquí y ahora, sin tiempo para perdernos en el pasado o pensar mucho en el mañana. Nos conecta directamente con la realidad. Nos hace revisar nuestra escala de valores y empezamos a valorar lo que de verdad importa desde estos momentos; no lo hacemos en los momentos de absoluto bienestar porque ahí lo que debemos hacer es disfrutar, más que sacar una lección o aprender algo.

BUSCAR EL MOTIVO DEL SUFRIMIENTO

Es importante que identifiquemos por qué sufrimos y ante qué sufrimos como una fuente de autoconocimiento. Es de gran utilidad conocer qué nos hace sufrir para poder sufrir conscientemente, y que no suene a masoquismo puro cuando me expreso en estos términos. Que seamos conscientes de nuestro dolor no implica para nada que disfrutemos con ello. De hecho, se trata de poder lidiar con lo malo para disfrutar de lo bueno que llegará después, porque siempre llega.

No todos sufrimos con las mismas cosas, y esto hay que tenerlo presente a la hora de ayudar y comprender a quien está pasando por un mal momento, pues si consideramos que su motivo de sufrimiento no es suficiente para que esté así porque a nosotros no nos produciría tal reacción, seremos incapaces de darle apoyo y se sentirá poco entendido, favoreciendo que se aleje emocionalmente de nuestro lado. El sufrimiento ni se mide ni se cuantifica. Cada uno lo siente a su manera y por las razones que quiere. Lo veo mucho cuando trabajo con los adolescentes y sus padres, y éstos, en un intento de quitar hierro al asunto y de que su hijo no sufra (de nuevo la evitación del sufrimiento), suelen decir: «Y por eso estás así? Pero si es una tontería, hombre. Ya te vendrán los problemas de verdad». Obviamente, cuando crezca tendrá nuevos motivos para preocuparse o pasarlo mal, pero para un adolescente de trece años enfadarse con su amiga en el patio puede ser fuente de dolor y debemos empatizar con eso. No practiquemos la demagogia emocional cuando soltamos cosas del estilo: «Sufrir es quedarte sin trabajo y no llegar a fin de mes». Evidentemente que pasar a engrosar las listas del paro o no poder pagar las facturas a fin de mes es fuente de sufrimiento para miles de familias, pero no le pidamos a un adolescente que, a su edad, ésas sean las razones principales por las que siente dolor. Busquemos los motivos de nuestro sufrimiento y aprendamos a empatizar con los ajenos, aunque no los compartamos. El sufrimiento siempre es personal e intransferible.

HUIR DE LA EVITACIÓN

Los ingleses dicen: «You can run but you can't hide», que significa algo así como que por mucho que corras no lograrás esconder la realidad. Cuanto más trates de escapar de tu sufrimiento, con más fuerza te perseguirá y te acechará. Es un hecho, y a pesar de esto intentamos evitarlo a toda costa. Evitamos sufrir porque no sabemos hacerlo, porque tenemos miedo a derrumbarnos y a no poder levantar jamás la cabeza, y eso es prácticamente imposible. Hay una fuerza innata, de fábrica, que nos empuja a la supervivencia y a salir a flote. Piensa en cuando te encontrabas inmerso en un gran sufrimiento y cómo saliste de él y has llegado hasta donde estás. Así es en la mayoría de las ocasiones.

Pero ¿por qué evitamos el sufrimiento? Buda decía: «El dolor es inevitable, pero el sufrimiento es opcional». A ver, entiendo la filosofía que hay detrás y me parece bastante acertada, aunque hay personas que no llegan al sufrimiento de forma voluntaria y al decirles que es opcional podemos generarles un gran sentimiento de culpa porque es casi como afirmar que, de entre todas las opciones, han preferido sufrir, y para nada es eso. Me quiero quedar con la parte constructiva de la cita: si es opcional es porque algo podemos hacer. A pesar de que la circunstancia dolorosa se nos escapa de las manos, forma parte de la vida y en ocasiones no depende de nosotros, sí que tenemos control sobre ciertos elementos que pueden concederle al sufrimiento el espacio y el tiempo necesarios, ni más ni menos.

Uno de estos elementos jamás será la evitación: *Si evito, no acepto; si no acepto, no conecto con la realidad; si no conecto con la realidad, no sufro; pero si no sufro, no vivo.* Aunque también hay quien prefiere el modo zombi u off a coger los mandos del juego.

Entre otras muchas, éstas son algunas de las consecuencias de la evitación vivencial del dolor y el sufrimiento:

- Negarte a vivir el dolor puede llevarte a un duelo patológico, a una dependencia emocional o a una desconexión total de tu propia realidad; incluso a desconectar de la gente que te rodea porque ni te ve presente, ni te ve consciente ni te ve responsable.
- No avanzas en el desarrollo de tu bienestar emocio-

nal, siempre te quedas en el mismo sitio. Te pierdes el dolor y el sufrimiento no sólo como parte de la vida, sino como parte de tu crecimiento personal, de tu autoconocimiento y de una valiosa herramienta de aprendizaje que es dolorosa pero útil.

• Si sólo buscas el placer y evitas a toda costa las malas experiencias, jamás serás consciente ni alcanzarás tu propio potencial. No conoces tu versión completa, sólo una parte de ella y, además, no es real.

Date tiempo y no intentes controlar el dolor

No tengas prisa por dejar de sufrir, pero tampoco te instales en el dolor. Todos necesitamos un tiempo y todo tiene un proceso; forzar es limitar y coartar. Hay quien necesita unas horas para rehacerse de alguna dificultad y hay quien necesita unos días; en ciertos duelos incluso serán necesarios meses o quizás un año para agotar cada una de las fases, y hay que entender qué nos ocurrirá en cada una de ellas. Ante cualquier pérdida o duelo solemos pasar por cinco etapas que están claramente establecidas. Cada una requiere su tiempo, e intentar salir de ellas lo más rápido posible o, por el contrario, anclarse no hace más que alargar tu agonía:

• **Etapa 1: Negación**
«No», «No puede ser verdad», «Esto no está ocurriendo», «No es posible»... son muchas de las formas que adop-

ta esta fase inicial. Es útil porque te permite amortiguar el impacto de la noticia, pero debe durar poco si no quieres vivir desconectado por completo de la realidad. Te ayuda a adaptarte a un nuevo estado de ánimo francamente doloroso. La aceptación inicial es poco frecuente.

- **Etapa 2: Ira y enfado**

Aquí sientes miedo y mucho resentimiento. Obedece a nuestro principio de justicia o de impotencia: considerar que lo ocurrido no es justo o que quizás podrías haberlo evitado. Es una etapa delicada donde debes aceptar la emoción pero no permitir que ésta te domine, pues no hace falta que te diga qué puedes llegar a hacer desde este estado emocional sin una buena regulación. Aquí debes vigilar el no proyectar esa ira contra ti mismo o contra los demás porque sólo conseguirás sentirte peor y añadir más sufrimiento una vez que veas las consecuencias.

- **Etapa 3: Negociación**

En esta etapa crees que podrías haber hecho algo para revertir la situación, para evitar una muerte incluso. Te enfocas en lo que podrías haber hecho, y es francamente dura de llevar porque aparecen los reproches y la culpa, cuando ya hemos visto antes que hay situaciones dolorosas que escapan de nuestro control. Se llama «etapa de negociación» porque requiere que entiendas que no podrías haber hecho nada para impedir que eso ocurriera. Se trata de una negociación contigo mismo hasta que entiendas que no debes sentirte culpable ni reprocharte nada. Ciertas cosas sucedieron, suceden y sucederán sin que puedas hacer nada porque no están bajo tu control.

• **Etapa 4: Tristeza**

Ésta es la etapa de contacto con tu realidad emocional. Sientes lo que realmente hay que sentir ante ciertas circunstancias vitales. Estás triste, y así debe ser. Dejas de vivir en esos mundos paralelos donde quieres que lo que ha pasado no haya ocurrido y tomas contacto con la realidad. Es una sensación de vacío total y absoluto que es necesaria para poder pasar a la quinta y última etapa. Como todo, tiene que durar lo necesario y debes contar con las estrategias adecuadas para lidiar con ella y que la tristeza no acabe convirtiéndose en una depresión. Debes aprender a vivir tu realidad sin esa persona o empezar a aceptar la pérdida de lo que querías.

• **Etapa 5: Aceptación**

Aquí ya has llegado al final del camino, lo has pasado mal pero todo ello te ha servido para crecer como persona y aceptar que en la vida perdemos, sufrimos y sentimos dolor. No es una etapa de plenitud y bienestar absoluto, pero ya no te sientes cansado y agotado por tanto dolor. Puede que algunos sentimientos sigan estando presentes pero con una intensidad mucho menor, y ya tienes el objetivo de mirar hacia delante y recuperar la normalidad. Aprendes a vivir con lo ocurrido.

Espero que tras este viaje al tanatorio, al dolor y al sufrimiento se entienda mejor la utilidad del dolor y el sufrimiento en nuestras vidas; que haya servido para comprender y aceptar el dolor, tanto el propio como el ajeno, y huir de ciertas frases hechas que dificultan la expresión emocional, así como otras que buscan meter la cabeza bajo el ala y evitar lo que debería ser necesario e inevitable.

PSICO-PÍLDORAS

«NO HAY RAZÓN PARA BUSCAR EL SUFRIMIENTO, PERO SI ÉSTE LLEGA Y TRATA DE METERSE EN TU VIDA, NO TEMAS; MÍRALO A LA CARA Y CON LA FRENTE BIEN LEVANTADA.»

FRIEDRICH NIETZSCHE

- LAS TRES PALABRAS MÁGICAS DE LA EMPATÍA CON EL DOLOR AJENO: «LO SIENTO MUCHO»
- NO ECHES MANO DE FRASES DE MANUAL, HABLA DESDE EL CORAZÓN
- EL SILENCIO Y LA PRESENCIA EMPÁTICA SON EL LENGUAJE EMOCIONAL UNIVERSAL
- SI HUYES DEL SUFRIMIENTO TE PERSEGUIRÁ DURANTE MÁS TIEMPO
- TÓMATE TU TIEMPO; EL DOLOR Y EL SUFRIMIENTO NO TIENEN PRISA
- CUANDO ACEPTAS TU DEBILIDAD, TE HACES MÁS FUERTE

4

Bonjour, tristesse
(Buenos días, tristeza)

A ese sentimiento desconocido cuyo tedio,
cuya dulzura me obsesionan, dudo en darle el
nombre, el hermoso y grave nombre de tristeza. Es un sentimiento tan total, tan egoísta,
que casi me produce vergüenza, cuando la
tristeza siempre me ha parecido honrosa. No
la conocía, tan sólo el tedio, el pesar, más ra-
ramente el remordimiento. Hoy, algo me en-
vuelve como una seda, inquietante y dulce,
separándome de los demás.

FRANÇOISE SAGAN,
Bonjour, tristesse

No sé si habría sido capaz de poder definir la tristeza como
«hermosa», «tediosa», «dulce», «grave» y «honrosa» a la
vez, tal como hace Sagan, pero sí que puedo asegurarte que
es normal, necesaria y útil. No intentes esconderla ni evi-
tarla porque no puedes negar tu condición humana, y la
tristeza es, ante todo, inherente al ser humano.

Estar triste es tan normal como estar alegre, con miedo,
enfadado o sorprendido; es una emoción más. La tristeza

tiene muy mala prensa, es una incomprendida y está totalmente estigmatizada en el mundo en el que vivimos, pues,
como te decía en el primer capítulo, si no sonríes o no eres
feliz acabas siendo un engorro y una gran molestia para ti
mismo y para los demás.

La autora del párrafo anterior procedía de una familia
de clase acomodada, por lo que no es de extrañar que buena parte de su vida consistiera en fiestas, lujo y un gran
culto al placer que ella misma plasmaba de forma irónica y
sarcástica en su obra literaria. Es precisamente en ese contraste, porque la vida puede resultar muy dicotómica, donde Sagan nos describe con maestría qué siente y cómo se
siente alguien que, teniéndolo todo o creyendo que la plenitud vital se alcanza con pertenencias, alegría y diversión,
de golpe y porrazo experimenta una nueva emoción. Escribió *Bonjour, tristesse* (1954) con apenas dieciocho años, y
el impacto que la novela tuvo en su momento no dejó indi-
ferentes ni a los lectores ni a la crítica. Tanto es así que años
después el cineasta norteamericano Otto Preminger deci-
dió llevarla a la gran pantalla (*Buenos días, tristeza*, 1958),
protagonizada por Jean Seberg, David Niven y Deborah
Kerr. A fin de no alargarme mucho y provocarte cierta curiosidad para que la veas, decirte sólo que en esta película
la protagonista debe hacer frente a una emoción que jamás
antes había sentido: la tristeza. El retrato obedece más a
una crítica social que a la puesta en escena de una cuestión
puramente psicológica; pero el mensaje de fondo es muy
llamativo y sobrecogedor, mucho más en la novela que en
la película, también hay que decirlo.

En este sentido, *Del revés* (*Inside Out*, 2015) sí que es una obra maestra, pues la tristeza sí que se erige como la auténtica protagonista. Acostumbrados a historias de amores románticos, de príncipes y princesas con final feliz, esta película se acerca mucho más a la realidad, a la de verdad. Me parece muy acertado y necesario el tratamiento de la tristeza como hilo argumental. Además, la película está dirigida a todo tipo de público, en especial a niños, en un genial y creativo intento de transmitir cierta educación emocional a través de la gran pantalla. La tristeza tiene un valor, una utilidad, una motivación y un objetivo, como cualquier emoción. Camuflarla, disfrazarla o reprimirla es como intentar evitar que salga el gas de una botella de cava una vez que la hemos descorchado: agotador, sin sentido y, sobre todo, inútil.

> Y ya conocen a Tristeza. Ella... ella es... la verdad, no estoy segura de qué hace. Y revisé y no tiene adónde ir. Así que... aquí está. Y aquí está. ¡Oh, si es genial!
>
> Alegría hablando de Tristeza
> en *Del revés* (2015)

Así presenta Alegría a Tristeza a la audiencia de *Del revés*. Empieza bien, muy acertada. En ocasiones la tristeza no tiene adónde ir porque no se le ha dado su lugar en nuestra educación y en nuestra sociedad, pero acaba formando parte del grupo de emociones porque sin ella ni hay película, ni realidad ni ser humano. Y, como dice Alegría, es genial que así sea.

Te puede parecer complicado, difícil o incluso inconcebible que sea genial que la tristeza forme parte de nuestra vida, pero realmente debe ser así. Piensa, si no, cuántas veces te has sentido triste y lo mal que lo has pasado desde que naciste, pero me gustaría que recordaras también en cuántas ocasiones saliste de ahí y volviste a experimentar bienestar y alegría. ¿Te habría sido posible apreciarlo sin saber qué es estar triste? ¿Se puede apreciar el verano sin el invierno? ¿Se puede dar valor e importancia a la salud sin la enfermedad? Creo que no. Es radicalmente imposible.

Es tanto el malestar que nos provoca la tristeza que preferimos no tenerla en nuestra vida, deseamos eliminarla cuanto antes y no le damos el espacio y el tiempo que merece y necesita. Su mensaje y su función pueden resultarnos muy beneficiosos para nuestro aprendizaje y nuestra salud mental. Cuando llega nos apagamos, hasta nuestro cerebro lo hace. De hecho, ciertas pruebas neurológicas funcionales han mostrado cómo el cerebro de personas deprimidas tiene menos activación general que el de personas que no lo están; hasta el punto de observar que son prácticamente azules (pues no aparecen colores más cálidos que indicarían la activación de ciertas áreas del cerebro). Quizás de ahí venga la expresión inglesa «I'm blue» (Estoy triste), y curiosamente es el color que escoge Pixar en *Del revés* (2015) para pintar a Tristeza.

«No estés triste», «Vamos, alegra esa cara», «Tienes

que hacer un esfuerzo por sonreír».... ¿Sigo? Es lo que, en un intento de apoyar o ayudar, hemos tenido que oír, o que decir, cuando la emoción azul entra en nuestras vidas. Si cada vez que hemos oído o, repito, pronunciado «No estés triste» nos hubieran dado un euro, creo que todos tendríamos una suma importante en la cuenta bancaria. No hay frase más demoledora para alguien que está triste. Implica una gran incomprensión, una falta total de empatía y una invitación a reprimir emociones en toda regla; una de esas frases del manual de la antiterapia que hemos visto en el capítulo anterior.

Date permiso para estar triste, piensa que sin la tristeza no serías capaz de superar pérdidas, desilusiones o fracasos. Si aceptas tu tristeza también aceptarás la de los demás, pero si huyes de ella no tendrás herramientas de consuelo o apoyo para cuando los que más quieres estén sufriendo.

Debes llorar si te apetece, perderás el apetito, tus movimientos se volverán más lentos, te costará dormir o, por el contrario, sólo querrás hacer eso, tendrás dificultades para concentrarte en tus tareas diarias o en tu trabajo, no pararás de tener pensamientos que alimentarán tu emoción, no tendrás ganas de hacer nada y te apetecerá muy poco ver a gente, etc. Y todo ello es normal, es lo que conlleva la tristeza. Te aíslas para poder gestionar adecuadamente la emoción, no es debilidad ni inutilidad: eso es ser humano. No debes esforzarte en no estar triste, sino en acabar con lo que te provoca tristeza (si está en tus manos) y en aprender a gestionarla.

La fuerza de la tristeza

De entrada, cuesta creer que sirva para algo estar mal, que sea útil y necesario tener que sufrir. Queda fuera de toda lógica que debamos agradecer el hecho de estar tristes cuando nos han ido adoctrinando emocionalmente a lo largo de muchos años para mitigar la tristeza, para negarla, para esconderla, para callarla y, sobre todo, para que los demás no la vean. Sin embargo, si haces un repaso de los momentos cruciales de tu vida enseguida te darás cuenta de que los cambios trascendentales e importantes se produjeron tras haber estado francamente fastidiado o después de haber tocado fondo. Son esos momentos que queremos borrar de un plumazo cuando nos encontramos inmersos en ellos pero que, con el transcurso del tiempo, los recordamos como auténticos maestros en esto de ir avanzando por la vida. También es cierto que, de poder escoger, habrías preferido no estar ahí; yo pienso igual que tú. Pero al final llegas a la conclusión de que fueron el motor de algo. No me refiero al «no hay mal que por bien no venga», ya sabes lo que opino de eso. Me parece un consuelo con muy mala leche para quien realmente lo está pasando mal, al menos a mí me ha fastidiado mucho cuando he tenido que oírlo porque lo primero que he sentido es una gran incomprensión hacia mi dolor por parte de quien me lo decía. Lo que te quiero transmitir es que, ya que en ciertas ocasiones estamos hundidos en la miseria, recapacitemos acerca de la fuerza que tienen esos momentos en nuestra vida y de lo importante que es que pasemos por ellos. Me viene a la cabeza justo ahora una gran frase de Carl G. Jung: «Nadie se ilumina fantaseando figuras de luz, sino haciendo consciente su oscuridad». ¿Fastidia estar en la oscuridad? Sí, mucho. Pero hagamos que las tinieblas nos den luz para fantasear con un futuro mejor.

LA CIENCIA LO CONFIRMA: ESTAR TRISTE ES ÚTIL

En el casting emocional de nuestra vida no podríamos construir una vida plena y completa sin que la señorita Tristeza estuviera en el reparto. Es ese personaje que nadie quiere que aparezca en escena pero que debe estar ahí para que las cosas ocurran, porque la tristeza activa, aunque te parezca justamente lo contrario. Cierto es que nos obliga a parar cuando llega, nos quedamos bloqueados, sin energía, sin ganas de nada, queriendo estar solos o muy acompañados para mitigarla, pero en realidad es una parada técnica para luego reanudar la marcha.

Dos investigadores de la Universidad de California, Dacher Keltner y Paul Ekman, han afirmado que existen claras evidencias que relacionan la tristeza con una mayor activación de nuestro organismo, pues actúa a modo de despertador para que respondamos y nos pongamos en marcha después de haber estado tristes. Lo describen así:

Las personas que están alegres estarán en ocasiones
menos motivadas para actuar que las personas que
se sienten tristes porque tendrán más motivos
para hacer cosas que cambien una situación
que no es de su agrado.

Si lo analizamos con detenimiento tiene su lógica: ¿para qué hacer nada si estás bien? Mejor dejarlo todo tal como está, ¿no? En cambio, si estás triste no te queda otra que movilizarte para salir de ese estado. Por eso es tan importante reconocer la emoción y no negarla, para no anular ese mecanismo de activación hacia la acción y el cambio. De hecho, los científicos anteriormente mencionados sostienen que un estado de ánimo de tristeza propicia una mayor capacidad de memorizar por la sencilla razón de que se realizan más juicios erróneos que cuando uno está alegre. Así que ya sabes, cada vez que alguien te diga: «No estés triste», te invito a que le respondas algo así como: «Pero ¡qué dices! Deja que mi tristeza se exprese con libertad, que así me activo fisiológicamente y soy capaz de memorizar más datos».

No sé si te entenderá, pero te aseguro que tú te reafirmarás en tu emoción y reivindicarás tu derecho a estar mal, y quién sabe si le despiertas la curiosidad y empieza a entender que esto de estar triste no es tan terrible como nos han hecho creer. Que nos provoque dolor y sufrimiento no implica que sea dañino, ésa es la gran diferencia; en realidad, es necesario. Si existe, será por algo.

GRACIAS, TRISTEZA

Puede que te sorprenda el título de este apartado porque ya me dirás tú qué tiene de agradecer la tristeza, aunque espero que a estas alturas ya la estés mirando con otros ojitos, que la pobre se lo merece. Hasta ahora no la has querido ni ver en tu vida, cuando ha aparecido has deseado que se fuese lo antes posible o incluso puede que la hayas enmudecido poniéndole un esparadrapo en la boca y una venda en los ojos (confieso que yo hice lo mismo en alguna ocasión). Créeme, tenemos muchos motivos para darle las gracias. Enseguida lo entenderás.

• **Botiquín de supervivencia**
Si de verdad fuera sólo un lastre y algo a evitar, ¿por qué existe? Del mismo modo que el miedo tiene su función protectora con la consecuente ventaja evolutiva, la tristeza también nos ofrece ciertas ventajas a este nivel. Nos ayuda a tomar conciencia sobre lo que es negativo para nosotros, es una gran fuente de autoconocimiento. Imagínate que de bebé no te hubieras puesto triste cuando necesitabas del cuidado de tu madre y no te hubieses echado a llorar: tu supervivencia dependió de ello.

• **Supertristeza**
Podría ser perfectamente un superhéroe con capa que acude a nuestro rescate. De hecho, cuando la tristeza aparece en nuestra vida debemos darle su tiempo, su espacio y escucharla porque quiere decirnos algo sumamente impor-

tante, y sólo así podremos actuar en consecuencia. Cierto es que cuando estamos tristes nos sentimos muy vulnerables, pero precisamente en esta ocasión es cuando podremos ser capaces de ver también todas nuestras fortalezas.

- **Tristeza, protégeme**

Su función protectora es relevante y muy significativa. Como estamos hechos polvo, con la energía por los suelos y sin ganas de hacer nada, también nos obliga a utilizar sólo ciertos recursos para no malgastar la poca energía de la que disponemos en estos momentos. Este hecho favorece que no miremos tanto a nuestro alrededor y empecemos a focalizar más la atención en nosotros mismos, lo que constituye una clara función protectora de nuestra persona: nos autoprotegemos y nos volvemos más autocríticos. Nos empuja irremediablemente a aceptar lo que no se puede cambiar y esas pérdidas tan dolorosas.

- **La tristeza hace amigos**

Cuando estamos mal, aunque no siempre es así pues hay quien prefiere la más estricta de las soledades, tendemos a buscar apoyo en los demás. Por otra parte, cuando nos ven mal, las personas ponen su empatía en marcha y nos apoyan. Somos mucho más proclives a recibir ayuda y apoyo cuando estamos mal que cuando las cosas nos van francamente bien, y esta función social de la tristeza constituye una ventaja para rodearnos de la gente a la que queremos y que nos quiere. Aunque también hay personas que van en la dirección contraria y tienden al aislamiento, lo que dificulta enormemente su recuperación. Hay que respetar que quieran estar solas, pero hay que propiciar que tengan contacto social.

Tras presentarte una visión de la tristeza que quizás nunca te habías planteado, veo necesario que revisemos qué hacer para aceptarla en nuestra vida y para que no se nos lleve por delante, porque si bien es cierto que es necesaria y puede llegar a ser una gran aliada, no lo es menos que hay que poner en marcha las herramientas y los recursos necesarios para que su función tenga alguna utilidad y sea efectiva:

Estoy triste y aquí estoy

Ante todo, afírmate y reafírmate en este estado emocional. Deja el «no» para dar espacio al «sí», por muy molesto o desalentador que sea. Cuando aceptas, empiezas a trabajar en la dirección correcta, te orientas hacia el cambio y la superación; desde la negación te quedas en la maldita zona de confort (no sé por qué la llaman así, si resulta que no es tan confortable), donde nada cambia, todo sigue igual o hacemos ver que las cosas no pasan, cuando están pasando ante nosotros y no las queremos ver o no sabemos cómo hacerles frente. La tristeza puede ser el combustible necesario para poner el motor en marcha; de otra forma, quizás no te pondrías en movimiento.

Es importante seguir unos pasos en la gestión de esta

maravillosa emoción. Sí, has leído bien: maravillosa. Puede llegar a ser una gran amiga si le damos el sitio adecuado en nuestra vida, porque acabará siendo una gran fuente de aprendizaje y de superación personal. Tampoco hay que ir tras ella para crecer, eso sería masoquismo o victimismo si la finalidad es la búsqueda incesante de atención emocional por parte de los demás; ninguna de estas dos estrategias implica aceptación y gestión emocional. Veamos lo que sí debes hacer en estas circunstancias:

- **Identifica la emoción: «Creo que estoy triste»**
No es nada raro que al principio sientas algo muy parecido a «no sé qué me pasa», «no sé lo que siento», sobre todo si es la primera vez que experimentas la tristeza en todo su esplendor. Si no hemos recibido una educación emocional adecuada, en este primer paso nos resultará muy difícil ponerle nombre a lo que sentimos. Aquí tomamos conciencia y empezamos a ver qué es lo que nos está sucediendo.

- **Aceptación: «Sí, estoy triste»**
Lo he repetido muchas veces: acepta, acepta, acepta. Por mucho que maquilles, disimules, no muestres, calles o no quieras que otros la vean, va a seguir estando ahí. Aceptar no es resignarse si nos encaminamos a la acción, huye de los «no me puede estar pasando a mí», «no quiero estar así», «no debería estar triste» y empieza a decirte: «Buenos días, tristeza. Bienvenida. Toma asiento, pero no te acomodes porque voy a hacer todo lo posible para que no te quedes mucho rato». Si llama al timbre y no le abres la puerta, la tirará abajo.

• **Llora, llora, llora**

Con o sin lágrimas, como te apetezca, como te salga, pero llora. Pero, ojo, tampoco te sientas mal al leer esto si cuando estás triste no puedes hacerlo: no siempre es fácil y no siempre forma parte de tu código de expresión. Cuando digo que llores me refiero a que te des permiso para sentir la tristeza, a que no te asustes ni te acobardes ante sus muestras de poderío (que son muchas) porque no te va a vencer, y si lo hace porque finalmente se convierte en una depresión (depresión y tristeza no son lo mismo) siempre podrás buscar ayuda profesional que te proporcione herramientas para escapar de sus redes. Dejarla atrás es posible, pero debes permitir que se exprese para vencerla; de otro modo, la alimentas cada día, como si regaras una planta que preferirías no haber comprado y que acabará ocupando toda tu casa o toda tu vida. La tristeza come, se alimenta y crece con tu silencio y con tu negación.

• **Manos a la obra: «Tristeza, me voy de paseo»**

A tu ritmo, a tu manera, con ayuda o solo, como tú veas, pero hacia delante. Al principio no tendrás muchas ganas de hacer nada, verás que lo inunda todo, pero debes aprender a gestionar ciertos pensamientos intrusivos, invasivos y muy persistentes. Como te comentaré más tarde, no todo lo que piensas tiene por qué ser cierto. Ésa es la gran trampa. No te obligues a hacer nada que no quieras hacer, pero oblígate a hacer algo. Practicar ejercicio es altamente beneficioso: camina, corre, pasea, baila, salta, juega al fútbol, vete a patinar, juega a pádel, boxea... lo que vaya contigo, pero muévete. Ayuda mucho y a la tristeza le fastidia e irrita enormemente.

- **Comparte: «Os presento a mi tristeza»**
Preséntale a tus mejores amigos, a tu familia. Dale a entender que ni la escondes ni te escondes de ella. No tengas miedo de que te juzguen por ello. Si al compartir tu tristeza con tus seres queridos éstos no están a la altura o te sueltan: «Pero si eso son tonterías», «No me vengas con tus penas» o «Es que eres un flojo», intenta hacerles entender que están equivocados y que no te sientes apoyado por ellos. Si no logran entenderlo o vuelven a la carga, es hora de despedirse y tacharlos de la lista. Ya verás qué bien te sientes a largo plazo.

- **Busca ayuda: «No es que no pueda contigo, es que no sé cómo hacerlo»**
Si con todos los pasos anteriores ves que no sales adelante o consideras que estás estancado, que sepas que tienes el derecho de pedir ayuda, que no implica para nada que seas un débil, un flojo o un inútil, sino más bien todo lo contrario: que has sido capaz de reconocer que no estás bien, que necesitas herramientas y que los psicólogos estamos para eso. A mí me parece uno de los mayores actos de valentía, coraje y compromiso que conozco. No te digas «no puedo», cámbialo por un constructivo «no sé, pero quiero aprender».

Y también habrá que tener cuidado porque hay cosas que son altamente contraproducentes cuando la tristeza llame a tu puerta o a la puerta de alguien a quien quieres, pues en muchas ocasiones, con toda la buena intención, se cometen algunos errores que no hacen más que empeorar la situación. En este sentido deberás evitar lo siguiente:

- **Nunca reprimas la realidad**
Sé compasivo contigo mismo y con quien está sufriendo. Consolarnos y consolar a otros cuando estamos tristes es altamente beneficioso. Tal vez las palabras «compasión» y «consuelo» no te parezcan muy atractivas porque es posible que te hayan educado en la dirección de que no sirven de nada o nos hacen débiles. Nada más lejos de la realidad: el acompañamiento hace real la emoción y ayuda a mitigarla.

- **Tómatelo en serio**
Hacer broma o incluso burlarse de quien está triste es más habitual de lo que imaginas. Precisamente por esas falsas y peligrosas creencias de que los que sufren son los débiles y vulnerables; los flojos, vaya. Nada de eso, los que sufren son personas como tú y como yo que quizás hayan agotado todos los recursos internos antes de desfallecer, y a mí eso me suena a valentía y coraje. Lo de «llorica» que lo sigan creyendo quienes quieran vivir ajenos a la esencia humana. La gente llora, las personas que están tristes lo hacen más. Y es lo más normal del mundo, pero ante todo debe ser lo más respetado. No lo olvides nunca.

- **Oriéntate a la solución**
Que aceptemos la tristeza y dejemos que se exprese libre-

mente no implica que debas quedarte anclado en ella dando vueltas al problema. Debe servir para orientarte hacia los cambios que generen una recuperación de tu bienestar emocional. Es normal estar triste ante ciertas circunstancias vitales, pero es casi una obligación centrarte en qué vas a hacer para salir de ahí. Si no puedes tú solo, no te culpes; también es lo más normal del mundo. En ese caso sólo te queda pedir ayuda. Es un derecho que debes ejercer precisamente en estos momentos.

Hemos llegado al final del capítulo. Seamos educados y escribamos una carta a la protagonista de estas últimas páginas:

CARTA DE DESPEDIDA A LA TRISTEZA

Estimada señorita Tristeza:

El día que decida hacerme una visita la invitaré a pasar, pero no se lo tome a mal si hago todo lo posible para que su estancia no se alargue más de lo necesario. Acepto su presencia, debo tratarla como merece, pero hay ciertas compañías que quieren quedarse indefinidamente y más vale que yo me ponga en marcha para que se vayan.

Tome asiento, pero no se ponga cómoda ni se instale, por favor. Ésta es mi casa y aquí las normas las pongo yo.

Atentamente:

Fdo: ....

(Puedes poner tu nombre)

PSICO-PÍLDORAS

«AMO LA TRISTEZA. TE HACE SENTIR MÁS QUE NADA.»

Jeff Ament

- ACEPTAR LA TRISTEZA ES EMPEZAR A DESPEDIRLA

- ESTAR TRISTE NO TE HACE DÉBIL, TE HACE HUMANO

- LA TRISTEZA PUEDE LLEGAR A SER LA MEJOR GASOLINA PARA TU MOTOR INTERNO

- NO LE TAPES LOS OJOS, NO LE CIERRES LA BOCA: LA TRISTEZA SE REBELARÁ

- SÓLO PUEDE ESTAR TRISTE QUIEN VIVE Y SIENTE

- SÓLO DESDE LAS LÁGRIMAS PODRÁS VALORAR LAS CARCAJADAS

5

Recetario cotidiano:
estrategias prodigiosas

Como dice el filósofo y escritor de origen español George Santayana, «la vida no se ha hecho para comprenderla sino para vivirla», y así debería ser, en lo bueno y en lo malo, en lo grato y en lo ingrato. La realidad es lo que es, y no puede ser otra cosa porque entonces dejaría de ser realidad. Ya hemos visto qué implica vivir en los mundos de ese tal Yupi o negar lo que sentimos en cada poro de la piel. También es cierto que hace falta cierta comprensión de lo que sucede para decidir qué estrategia poner en marcha, no te lo niego; pero focalizar la atención sólo en por qué suceden las cosas a veces resulta francamente cansino, agotador y sin sentido; aun así, lo hacemos, lo haces y lo hago. Comprender qué hay detrás de todo lo que nos ocurre, de cada pensamiento, de cada conducta y de cada emoción podría resultar muy eficaz pero no siempre es posible y, créeme, no siempre es necesario.

Dar vueltas y vueltas a *por qué* sucede todo lo que sucede a nuestro alrededor puede resultar un auténtico fastidio y no nos orienta en la búsqueda de la solución sino que, en ocasiones, nos mantiene anclados al problema. En mi consulta pongo un ejemplo de lo más cotidiano en el mundo de la pareja:

Una pareja decide ir al cine la noche del viernes y cuando vuelven a casa... ¡sorpresa!, se dan cuenta de que una silla del salón está en el suelo porque a primera vista parece que se le ha roto una pata. Están absolutamente convencidos de que antes de salir la silla se sostenía sobre sus cuatro patas, por lo que debe de haberse caído mientras ellos estaban tan contentos mirando la película. Aquí empieza otra película, la propia. Veamos su diálogo:

ELLA: ¡Anda, mira la silla! ¡Está en el suelo!
ÉL: Es verdad. Debe de haberse roto.
(Él se quita la chaqueta, se dirige hacia la pobre silla mutilada y la inspecciona en busca de la «avería».)
ELLA: Pero ¿cómo es posible? ¿Cómo ha podido romperse? Si no hace ni seis meses que las compramos. Además, fíjate, las otras están bien. ¿Por qué ha tenido que romperse precisamente ésta? ¿Será que la hemos usado más? ¿Por qué las otras no se han roto...? ¿No será qué...?
(Mientras ella habla, el marido continúa inspeccionando la silla. A todo esto, la mujer ni se ha quitado la chaqueta y todavía lleva el bolso colgado del hombro, está absorta en su pensamiento y en la cantidad de preguntas que acuden a su mente.)
ÉL: Voy a buscar la caja de herramientas, creo que se le han aflojado los tornillos.

ELLA. ¿Pero sólo se le han aflojado a ésta? ¿Por qué las demás no se han caído al suelo si las compramos juntas?

(Sigue de pie, enfundada en el abrigo y con el bolso al hombro.)

ÉL: Cariño, no veo cómo arreglarla. Tenemos que tomar una decisión: la llevamos a reparar o las cambiamos todas. Opto por la primera opción, ¿tú qué dices?

ELLA: No comprendo qué ha podido pasar. Ayer estaba perfectamente. Recuerdo que me senté en esa silla para comer y estaba bien. ¿Cómo ha podido pasar? Pero ¿por qué...?

SE CIERRA EL TELÓN.

Y podría seguir así cinco o diez páginas más. Él se centra en la solución y ella erre que erre intentando averiguar *por qué*, y de ahí no sale. Que haya decidido que sea la mujer quien más se pregunta el porqué de las cosas tiene una explicación muy plausible, sin ningún otro tinte: el cerebro femenino es altamente holístico, en contraposición a la mayor segmentación presente en el cerebro masculino. Esto hace que las mujeres tiendan a un tipo de pensamiento más enlazado, que surge de la mayor interconexión hemisférica, de ahí la cantidad de preguntas y enlaces que la mujer necesita hacer antes de tomar una decisión. También es cierto que estas diferencias a nivel de procesamiento de la información no obedecen sólo a una explicación neurológica y de género: hay factores individuales, de personalidad, de educación y fruto de la propia experiencia que desempeñan un papel decisivo. Seguramente hay hombres mucho más holísticos que ciertas mujeres y mujeres muy poco reflexivas.

Lo que te quiero decir es que cuando sucede algo a tu alrededor que implica un pequeño reto o una dificultad a la que tienes que hacer frente, existen muchas maneras de dar con la solución (si es que la tiene; en caso contrario, no te queda más remedio que aceptarla y aprender a vivir con ella). En ocasiones, si nos centramos en una sola estrategia nos encallamos en el problema y no damos con la solución. La combinación perfecta en el caso anterior habría sido intentar averiguar qué ha ocurrido con la silla (el planteamiento de la mujer) y buscar una solución a lo que tenemos frente a nosotros sin darle tantas vueltas (el planteamiento del hombre). Si nos quedamos mucho rato intentando averiguar *por qué*, nos olvidaremos de *cómo* arreglar la dichosa silla. Y así con todo.

En este capítulo te hablaré de los principales errores que cometemos a la hora de afrontar nuestro día a día: echaremos un vistazo a ciertas creencias que no ayudan en absoluto a la hora de ser resolutivos y qué posibles estrategias nos resultarán de lo más útil para no volver a tropezar una y otra vez con la misma piedra, algo que, ciertamente, es muy humano. Será una especie de recetario con ingredientes necesarios y otros desechables para no arruinar el plato final.

Tras ver su efectividad en nuestros pacientes y en nosotros mismos, somos muchos los psicólogos que llevamos tiempo interesados en las terapias de tercera generación. Surgieron en Estados Unidos entre los años ochenta y noventa como una alternativa a las terapias de primera y segunda generación. En términos generales, estas terapias, conocidas como *psicoanalíticas* las primeras y *conductuales* y *cognitivo-conductuales* las segundas, ponían mucho énfasis en sustituir lo disfuncional por algo funcional; me explico: si tienes pensamientos negativos como que tu jefe te mira mal o crees que tu pareja te está siendo infiel, cambia a otro más positivo del tipo: «No, hombre, no, si le caigo superbien al jefe y soy su preferido», o bien: «Mi pareja jamás me haría esto porque me quiere con locura», y ya verás que el pensamiento negativo desaparece. ¿Desaparecían? Pues no siempre. Es mucho mejor pensar que mi pareja no me es infiel que creer lo contrario, pero esa sustitución automática no resulta del todo eficaz en determinadas circunstancias ya que sólo sustituyo el pensamiento pero no voy a la raíz del mismo. Por otro lado, intentar parar el pensamiento es como decirnos: «No pienses en eso», y tampoco da buenos resultados, puede que incluso consiga el efecto contrario. Recuerda qué habría pasado en el capítulo anterior si cuando la señorita Tristeza llega a casa a tomar un café y sustituimos los pensamientos que nos provoca esa presencia agobiante en nuestra vida por algo así como: «Bueno, tengo que estar contenta» o «No debería estar triste». No voy a insistir, ya sabes lo que ocurriría. Obviamente, estas terapias de segunda generación sobre todo nos han dado y nos siguen dando herramientas muy útiles a los psicólogos y tienen muchos principios universales del comportamiento humano que continúan estando vigentes; aun así, avanzamos hacia nuevos horizontes para seguir trabajando por el bienestar de nuestros pacientes y, cómo no, para beneficiarnos nosotros también en nuestra vida.

La Terapia de Aceptación y Compromiso (ACT) es una de estas terapias de tercera generación. Teniendo en cuenta los beneficios del pensamiento positivo, no lo vamos a negar, va un paso más allá y, en vez de centrarse en luchar contra lo que nos produce malestar y cambiarlo por algo más placentero, incide en la importancia de nuestro diálogo interno, en el contexto personal de cada uno donde nos suceden las cosas (lo que se denomina *contexto funcional*), en la aceptación y en una actitud no tan paternalista, enjuiciadora o inquisitoria que nos aleje de manera paulatina del desagrado y el sufrimiento, acercándonos cada vez más al bienestar, que no a la felicidad total y absoluta. No se trata únicamente de reducir la sintomatología sino de comprender desde una visión mucho más amplia lo que nos sucede, de aceptar en vez de etiquetarnos, victimizarnos o culpabilizarnos y, sobre todo, de que después podamos orientarnos hacia el cambio en lugar de sustituir lo que no nos gusta por algo menos aversivo.

Lo que en realidad nos provoca malestar no son las cosas que nos ocurren sino la interpretación y el procesamiento mental de lo que nos está ocurriendo, y es justo en nuestro lenguaje interno o en nuestra manera de ver las cosas y en el manejo de nuestras emociones ante ciertos eventos donde reside el problema, más que en los hechos en sí mismos.

Desde esta orientación terapéutica se busca la capacidad de ser consciente en nuestro presente, en lo que nos sucede aquí y ahora, junto con el compromiso personal de poner en marcha todas las herramientas necesarias de acuerdo con nuestra escala de valores para provocar cambios en nuestra vida que nos orienten hacia el bienestar desde una flexibilidad psicológica, huyendo de la rigidez mental. Se trata de ir en la dirección de comprender cómo nuestro lenguaje, la manera en que nos hablamos y lo que nos decimos alimentan pensamientos y emociones que son altamente molestos y fastidiosos, teniendo siempre presente que el sufrimiento y el dolor son inherentes a nuestra condición humana, así que con sustituirlos o huir de ellos lo único que se consigue es alimentarlos y no salir del pozo.

Si nos centramos en lo que nos ocurre en este momento, sin mirar mucho hacia el pasado, hacia lo que ya no se puede cambiar, ni anticiparnos en exceso a lo que está por llegar porque no tenemos la certeza absoluta en ese terreno, nos daremos cuenta de que somos capaces de lograr cambios y orientarnos hacia un mayor bienestar emocional. Desde la melancolía, la culpa, la pena o la ansiedad anticipatoria no tomamos las decisiones adecuadas. Es bueno recordar lo que nos sucedió para aprender de los errores cometidos y es fantástico hacer planes de futuro, pero la perspectiva que tenemos es la actual, la de nuestro presente, la de lo que somos, pensamos, decimos o hacemos aquí y hora.

No eres todo lo que piensas ni todo lo que piensas
es verdad

No todo lo que crees es cierto. Nuestra mente es altamente
arrogante en una doble dirección: cree que lo sabe todo y
cree que todo lo que sabe es verdad, sin cuestionarlo ni
ponerlo en duda. Pues está equivocada, y por suerte con
mucha frecuencia. Nuestro cerebro es como un televisor o
una radio encendidos las veinticuatro horas del día en un
canal de noticias y, como te puedes imaginar, hay más noticias malas que buenas. Imagina que cada una de esas noticias, amables o catastróficas, es cada uno de tus pensamientos. Si le haces caso a todos y cada uno de ellos es para
perder el control y volverse loco. De hecho, hacer caso a
absolutamente todo te haría perder el contacto con la realidad. Son sólo hechos, pero no te dicen lo que es importante y significativo para ti; son un flujo de información,
constante y sin pausa. Debes aprender que se trata sólo de
la tele o la radio, metafóricamente hablando, pero sin fundirte con ella; es decir, el aparato está encendido pero tú no
eres el aparato. Él te informa, a veces en exceso y de forma
distorsionada, pero eres tú quien debe decidir qué hacer o
no hacer y evitar que él lo haga por ti.
    Si te crees todo lo que dices, te fundes con esa idea
arraigada en tu mente y te conviertes en un mero *ser pensante*, cuando en ocasiones hay que asumir el rol de *ser
observador*. Imagínate qué supondría fundirte con tu pensamiento literalmente: por ejemplo, un día de esos en que
crees que mejor habría sido quedarte en la cama tu *radio*

sintoniza algo así como: «Ahora mismo cogía las maletas y me iba a cinco mil kilómetros de aquí dejándolo todo» (un pensamiento muy lícito, por cierto, y que confieso haber tenido alguna vez), y resulta que vas y lo haces. Como te has fundido con él, debes ser consecuente contigo mismo y hacerte caso. ¿A que a pesar de ser un deseo impulsivo no lo has hecho? No lo has hecho porque has sido capaz de diferenciar entre lo que te cuenta el de arriba y lo que realmente terminas llevando a cabo: tú has decidido que no te vas a ir a ningún lado, pero te permites fantasear con eso. Has asumido el rol de observador y no te has fundido con tu yo pensante.

Si somos capaces de hacerlo con este tipo de pensamientos, ¿por qué nos fundimos continuamente con pensamientos del tipo «no voy a ser capaz», «soy un inútil», «todo va a salir mal»? En realidad, para ser exactos deberíamos decir: «Pienso que no voy a ser capaz», «Pienso que soy un inútil» y «Pienso que todo va a salir mal». Es una diferencia muy sutil pero altamente significativa. El «pienso que...» implica «creo que...», con lo cual ya no tiene la veracidad inequívoca de las primeras afirmaciones donde se produce la fusión mental. En este caso podría ser cierto, pero también podría no serlo; cabe el beneficio de la duda. Imagínate que me preguntas si un determinado comercio al que quieres ir está abierto o cerrado. Te doy dos respuestas, a ver a cuál de ellas le das más veracidad: «Esa tienda está abierta» o «Creo que esa tienda está abierta». ¿Con cuál te quedas si decides ir?

Creencias erróneas

Estas creencias son fruto de la educación recibida o de tus propias experiencias y han arraigado de tal forma en tu mente que actúas siguiendo sus preceptos, aun cuando ves o los demás te hacen ver que vas en la dirección equivocada. A pesar de ello no te las cuestionas ni te planteas cambiarlas, son el ancla a la que todos tenemos fijado nuestro barco. Nos da miedo abandonar el puerto, pero la auténtica aventura y la vida de verdad se dan cuando zarpamos.

Muchas de estas creencias te llevan al desánimo, a la pereza, a la falta de motivación, a creer que no vas a ser capaz, a pensar que las cosas deben ser de una sola manera, sin más opciones. Son limitantes porque son erróneas, pero son tuyas. Las has llevado en la maleta durante todo el viaje y es muy difícil deshacerse de ellas porque ni siquiera has tomado conciencia de que cargas con un peso extra e innecesario. Muchas llevan demasiado tiempo, las adquiriste en tu infancia y son viejas amigas de las que cuesta mucho despedirse. Te aseguro que soltar lastre te aportará un gran bienestar. Veamos cuáles son las principales o las más extendidas, esas que hacen que mantengamos el barco amarrado.

- **«No me merezco...»**
La primera en la frente. ¿Eres tú acaso menos que los demás? Tampoco debes creer que estás por encima de nadie, todos somos humanos. Se trata de encontrar el equilibrio

perfecto en tu propia identidad y singularidad; no eres ni más ni menos que nadie: eres tú. Creer que no eres merecedor de algo es el peor enemigo de tu autoestima, indica que te quieres muy poco y, por tanto, si no eres una persona a la que se pueda querer, ¿cómo vas a merecer algo? En ocasiones les ocurre a personas que han sido víctimas de algún tipo de abuso o maltrato psicológico, donde hubo alguien que les hizo mucho daño siendo el único responsable y culpable al cien por cien que, por desgracia, consiguió su objetivo: minar la autoestima y la seguridad personal de su víctima y quizás disfrutar con ello. Si éste es el caso, legitímate como víctima: tú no tuviste la culpa de nada, es simplemente que hay ciertas personas que dañan a otras y éstas no se merecen lo que les ha pasado; son los abusadores, los maltratadores y los que acosan los que merecen que caiga sobre ellos todo el peso de la ley cuando incurren en delitos de esta naturaleza. No hay más, no te quepa la menor duda. Es más, si en efecto tuviste que pasar por algo así creo que eres altamente merecedor de que te ocurran cosas buenas, quizás más que otros, para compensar todo el daño recibido. Eso sí, debes recuperar tu dignidad, trabajar tu autoestima y convencerte de que, a pesar de lo que quisieron hacerte creer, vales mucho. En caso contrario, creer que no eres merecedor de algo o de prácticamente nada tendrá consecuencias nefastas para ti: te perderás muchas oportunidades o cogerás las menos adecuadas. Por ejemplo, si crees que no mereces que te quieran, estás en peligro de aceptar a cualquiera que te muestre algo de afecto, aunque sea tóxico; o si crees que no mereces gustar a los demás, siempre dudarás de que sus palabras sean sinceras u honestas. Es una creencia muy peligrosa. Mereces tanto o más que cualquier otra persona sobre la faz de la tierra, créeme.

- **«Soy incapaz de...»**

Hay una gran diferencia entre «no puedo» o «no soy capaz de» y «no sé cómo hacerlo» o «me faltan recursos o conocimiento para poder hacerlo». Las primeras creencias ya te llevan a no intentarlo siquiera o a convencerte de que bajo ningún concepto es posible que llegues a hacerlo; las segundas, en cambio, te encaminan a una acción previa que te permite conseguir tus objetivos. Cierto es que hay que ser realista, habrá cosas que no podrás conseguir y debes aceptar que sea así. Ya te conté en mi libro anterior que lo de «creer es poder» no es del todo cierto. Si hemos dicho que sólo con pensar algo no tiene por qué ser cierto, no lo va a ser en esta ocasión. Ahora bien, creer que puedes y ponerte en marcha para hacerlo posible es otra cosa muy distinta. Creerlo no te llevará a alcanzarlo, pero con el «soy incapaz de...» te estás limitando enormemente, porque das por hecho que aquello que te propones no va a ser posible y, además, es por culpa tuya. Seguro que te comparas con los demás y llegas a conclusión de que «ellos sí son capaces, pero yo no». Cambia tu punto de vista, sé objetivo y realista: ¿Eres incapaz de... o no sabes cómo hacerlo? En la respuesta está la solución.

- **«No tengo derecho a...»**

Va muy en la línea del «no me merezco...». Vemos de nuevo que si crees esto tu autoestima está tocada. Quizás se gestó en tu infancia, con una educación muy estricta o represiva donde todo eran obligaciones, normas, límites y pocos derechos y muestras de afecto; quizás tengas el sentido de la responsabilidad muy interiorizado y creas que no tienes derecho a ciertas cosas, pero en cambio tienes la obligación de hacer otras tantas que tal vez no deberías estar haciendo. Tienes tanto derecho como cualquier otra persona. Cuida a tu niño interior y dale una piruleta de vez en cuando porque se lo merece. Más adelante verás una lista de algunos derechos asertivos que tienes como ser humano, sin excepción; igual que tu mejor amigo o que la vecina de enfrente. Cuidado con lo que crees, tiene un poder extraordinario y te condiciona hasta el punto de creer que es verdad, y si ésta es una de las creencias que más te permites, acabarás creyendo que no tienes derecho a casi nada. Vivirás amargado, taciturno, triste, pero, eso sí, haciendo sólo lo que debes hacer y lo que es correcto o se espera que hagas. Revísalo porque estás siendo esclavo de lo que piensas.

- **«No debo confiar en nadie...»**

De entrada, la verdad absoluta no existe, por lo que conceptos del tipo «nadie», «todos», «nunca» o «siempre» acostumbran a ser relativos. No son más que generalizaciones o distorsiones de nuestro pensamiento. Difícilmente encontrarás algo seguro o cierto al cien por cien, todo tiene sus matices. Que no confíes en quien te la ha jugado no una sino dos, tres o cuatro veces me parece una estrategia de lo más inteligente, pero de ahí a desconfiar de toda la humanidad hay un mundo, uno paralelo en el que un exceso de desconfianza te llevará a vivir en un estado de sospecha constante hacia los demás. Posiblemente hayas tenido malas experiencias y no estés más que generalizando como una estrategia protectora para evitar volver a sufrir. ¿Te suena? No todo el mundo es bueno, pero tampoco malo. Imagínate que un extraterrestre aterrizara en nuestro planeta y tuviera un solo día para elaborar un informe acerca de cómo somos los terrícolas. Su nave lo hace en plena selva amazónica y convive un día entero con una de sus tribus (si es que todavía quedan tras la deforestación salvaje a la que la Amazonia está sometida). ¿Tienes idea de a qué conclusiones llegaría en su informe? Lo que plasmara sería cierto, pero no reflejaría la realidad: no podría afirmar que «los humanos son...» o «los humanos hacen...» porque no los ha conocido a todos, sólo a una pequeña muestra de ellos. Eso es lo que ocurre con la creencia «No debo confiar en nadie...»; quizás no confiemos en algunos que ya hemos conocido, pero nos queda un mundo entero por conocer en el que habrá personas altamente confiables y extraordinarias como tú.

- **«Posible» es lo mismo que «probable»...**
Pues no, no es lo mismo, y con este pequeño matiz semántico te ahorrarás muchos problemas. Cuando hablamos de que algo es «posible» hacemos referencia a que esa situa-

ción puede llegar a suceder, a que puede darse; en cambio, cuando decimos que algo es «probable» tenemos indicios para pensar que así será; es decir, que tiene que haber razones que lo sustenten. Ponte en el caso de que confundimos ambas y creemos que es lo mismo. *¿Es posible que suspenda el examen? ¿Es posible que me echen del trabajo? ¿Es posible que este dolor de cabeza sea síntoma de un tumor cerebral mortal?* A ver, la respuesta a todas es «sí»; cada una de ellas es posible en el sentido de que puede llegar a darse porque existe la opción para que así sea; ahora bien, cambiemos «posible» por «probable»: *¿Es probable que suspenda el examen? ¿Es probable que me echen del trabajo? ¿Es probable que este dolor de cabeza sea síntoma de un tumor cerebral mortal?* Hay una clara, sutil y aniquiladora diferencia. Dependerá de muchos factores, no sólo de si puede o no puede darse; pero desde nuestras inseguridades y dudas solemos creer que en el momento en que algo es posible, la probabilidad de que suceda es total y absoluta: ahí empieza el sufrimiento inútil.

• **«No puedo dudar o cambiar de opinión...»**
Esta creencia limitante echa raíz muy fuertemente en nuestras mentes. Dudar o cambiar de opinión se ve como signo de flaqueza, de falta de criterio, de gran inseguridad, de ser un veleta o, peor aún, un chaquetero, o, siguiendo con los «sastres», te dirán eso de que «cambias más de opinión que de camisa». Pues no, la verdad es que tienes todo el derecho del mundo a dudar y a cambiar de opinión si es lo que deseas. Obviamente, como en todo, si es algo de lo que echas

mano con frecuencia va a tener sus efectos: no se puede dudar ni estar cambiando de opinión cada cinco minutos y sin parar porque, entre otras cosas, dificulta mucho las relaciones con los demás ya que no te tomarán en serio, pero, sobre todo, contigo mismo ya que llegará un día en que no sabrás ni quién eres, ni qué quieres ni hacia dónde vas. Hablo de que, en un momento dado, debes poder decir libremente: «Es lo que quería, pero ya no» o «Es lo que pensaba, pero ya no». A eso se le llama crecer, evolucionar, cambiar y madurar.

- **«Todos me deben apreciar...»**

Siento decirte que no, por muy buena persona que seas, que no lo pongo en duda, pero no es así porque tú tampoco debes apreciar a todo el mundo. Ni debes gustar a todos ni todos tienen que gustarte a ti. Es un principio universal que se mantiene en ambos sentidos. Si crees que todos deben apreciarte harás lo posible para gustar a todo el mundo y eso facilitará que renuncies a quien realmente eres, a lo que realmente quieres o no quieres con el único objetivo de no defraudar y ser del agrado de todas las personas que te rodean. Es agotador, no tienes por qué hacerlo y no da buenos resultados. En el fondo obedece a un deseo muy humano, el de ser aceptado. Pero no a cualquier precio y en todas las situaciones. Habrá personas a las que les caigas mal y tampoco sabrán muy bien por qué, quizás no tengan razones de peso para llegar a esa conclusión, pero será así. ¿Puedes creer que hay personas a las que no les gusta el chocolate? A mí me cuesta, pero conozco a unas cuantas y puede que quizás tú seas una de ellas. No tienen por qué dar ninguna explicación al hecho de que no les guste el cacao: no les gusta y punto, y eso debe ser respetado y aceptado por los demás. De igual manera, a veces nos convertimos en tabletas de chocolate que no serán apetecibles para todos. Y en estos casos, con todo el cariño del mundo, no te queda otra que asumirlo. Tú tampoco aprecias a todos, y lo sabes.

- **«No debo herir a nadie...»**

Siento tener que decirte de nuevo que no es verdad y quizás esta creencia sea la que más dudas suscita a la hora de certificar su falsedad porque siempre he creído que no hay que herir a nadie. Como en todo, hay un matiz: si al final de la frase añades «intencionadamente» te la compro como verdadera sin ninguna duda, la suscribo hasta el fin de mis días si hace falta. Pero veamos por qué no es así tal como la he formulado en el encabezamiento. Mira, quítate ese peso de encima y aterriza en pista: herirás y harás daño a más de una persona en tu vida y otras tantas te lo harán a ti, recuerda que vengo repitiendo como un loro desde el inicio de este libro que el sufrimiento forma parte de nuestra vida. ¿O acaso no herimos cuando dejamos a alguien a quien ya no amamos y esa persona aún nos quiere? Si sigues el precepto de no herir a nadie deberías permanecer a su lado; por pena, por misericordia (¡qué horror!) o como un acto de bondad, pero ya te digo que te equivocarás y conseguirás justamente el efecto contrario, aumentado y multiplicado a largo plazo: acabaréis sufriendo, y mucho, los dos.

Herimos y nos hieren, y es en este tipo de dolor y sufrimiento, el inherente a decir que no o tener que dejar algo o a alguien, donde crecemos como personas y aprendemos a sufrir.

- **«No debo cometer errores...»**
Ésta nos la meten con calzador desde pequeñitos. Nos dejan muy claro que equivocarse no está bien, hasta el punto de que cuando un niño se cae al suelo, como habrás visto más de una vez en la calle o quién sabe si fuiste tú el protagonista, en vez de preguntarle si se ha hecho daño, lo primero que oyes tras el golpetazo inicial es la bronca de su padre o de su madre porque «no mira por dónde anda». Pues vamos bien: resulta que ha tropezado, que quizás iba despistado y no ha prestado toda la atención del mundo al suelo que pisaba y, sí, ha cometido un error y se ha caído. Tras esas palabras, el mensaje que le llega y que interioriza en ese momento y quizás se le quede fijado para su vida a adulta es: «Caerse es de tontos», «No te puedes caer», y cuando lo hagas te van a echar la bronca. Pues déjame que te diga que es justamente todo lo contrario: el error es quizás la mejor herramienta de aprendizaje. Tan sólo desde ahí somos capaces de hacerlo cada vez mejor; ahora bien, enfocar los errores de forma positiva requiere que nos centremos en la búsqueda de soluciones. Así que tienes todo el derecho, casi la obligación si es que quieres avanzar, a equivocarte. Huye de quienes te digan lo contrario, ellos sí están equivocados.

- **«El tiempo lo cura todo...»**

Pues ve esperando. Es cierto que el tiempo mitiga y da perspectiva, pero por sí solo, sin tu intervención, tus acciones o tu esfuerzo, el tiempo no es que no lo cure todo, sino que a veces lo cronifica y lo agrava. Es como esperar que una planta crezca sola sin regarla ni abonarla una sola vez; lo que va a ocurrir es que con el tiempo precisamente se marchitará, se le caerán las hojas y al final morirá. Sí que hay cosas que requieren un tiempo para que ocurran o para que lleguen a buen puerto; una mujer embarazada deberá esperar nueve meses para sostener a su hijo en brazos, si pretende hacerlo al cuarto mes no va a ser posible y por desgracia la realidad será otra mucho más dolorosa. Todo requiere un tiempo, pero no todo lo cura el tiempo.

No esperes a que ciertas cosas ocurran, haz que ocurran; no esperes a estar bien para ponerte en marcha, ponte en marcha para estar mejor.

Estrategias prodigiosas

A continuación te propongo cinco estrategias que te serán muy útiles para hacer frente a todas las dificultades, creencias limitantes y pensamientos perturbadores de los que hemos hablado en este capítulo. Tómatelas como ese ingrediente fundamental para que la receta tenga éxito y luego añade el aderezo que consideres necesario para que tenga tu toque personal. Vamos a la cocina:

1. Del yo que piensa al yo que observa

Entrena tu yo observador porque tu yo pensante ya viene de fábrica y no hace falta que le des de comer, se autoabastece él solito. Desconecta de tus pensamientos, son sólo pensamientos, nada más, muy insistentes y molestos, pero no tienen tanto poder como les otorgas; eso sí está en tus manos. Lo primero que debes hacer es aceptar lo que piensas y reconocerlo como algo propio, que forma parte de ti porque lo has generado tú pero que para nada te define o tiene que ser verdad. Obsérvate desde fuera, es tu mente la que ha generado esos pensamientos, sepárate de ella y así te *de-fusionarás* de tu experiencia interna. Debes tomar distancia. Si sales de ellos, y los observas pero no te fundes, tu visión será mucho más completa. Es como si de vez en cuando bajaras del escenario al patio de butacas para ver con más amplitud qué está ocurriendo «allá arriba». Te darás cuenta de dos cosas muy importantes para tu bienestar:

- **Sólo es un pensamiento**

Aunque te parezcan muy poderosos, los pensamientos sólo son eso: ideas, creencias, reflexiones, deducciones e inferencias que tu mente crea, nada más. Si te paras a pensar, nunca mejor dicho, que un pensamiento no tiene la fuerza suficiente a no ser que tú se la des, te liberarás de mucho malestar que es fruto de aferrarte a la idea de creer que te dominan, que no puedes hacer nada contra ellos y que, una vez que han aparecido, tú pierdes toda la voluntad.

- **No tiene por qué ser cierto**

Te resulta mucho más fácil poner en duda lo que los demás te dicen, pero esta estrategia la utilizas poco contigo mismo. De la misma manera que los pensamientos no tienen todo el poder que les das, también es cierto que la mayoría de ellos, sobre todo cuando te sientes mal, no son más que mentiras o falsas creencias que surgen de la emoción negativa que estás experimentando o bien son los que originan que te sientas fatal. Haz una cosa: escúchate como si escucharas a alguien y trata de ver qué le dirías a esa persona si pensara lo que piensas tú. Te sorprenderá ver que vas a intentar convencerla de que cambie de opinión. Hazte caso, por favor.

2. No tienes por qué saberlo todo: el poder del «no sé»

Deshazte de la idea de que debes saberlo todo o de que si dices «No sé» tu autoestima se verá seriamente resentida: no es cierto. Por descontado, si lo dices de continuo permíteme que señale que hay algo ahí a revisar, pero no tengas ningún miedo y menos aún vergüenza, ni tampoco caigas en el «qué opinarán» o «qué pensarán» si dices «No sé» o «No lo sé» poniendo énfasis en cada una de sus letras. Además, en ciertas circunstancias es muy liberador, te quita el peso y la responsabilidad adquirida de tener que dar siempre repuesta a todo. Hay personas que prefieren decir algo o irse por las ramas con tal de no pronunciar esas dos bellas palabras, no son conscientes de que transmiten mucha más inseguridad y, en ocasiones, resultan ciertamente ridículos dando explicaciones que nada tienen que ver con la pregunta o se alejan del contexto porque tienen una sirena a modo de alarma que se activa en sus mentes cada vez que deben decir «No sé». Sienten pánico a que se las vea como ignorantes y tienen dificultades para lidiar con los silencios. Además, no saber siempre da la opción de aprender y saber más, ¿no?

3. Si dices lo que piensas, pensarás lo que dices

Debe existir un filtro entre lo que piensas y lo que dices y has de tener cuidado con el exceso de sinceridad. Ser sinceros siempre y en toda ocasión no te traerá más que problemas. No te tomes esto como una invitación a mentir como un bellaco, tampoco es eso. Decir lo que uno piensa es quizás el mayor acto de libertad que tenemos, o debería serlo; pero no es tanto el *qué* sino el *cómo* lo que deberías vigilar. Ten en cuenta a quién tienes delante cuando dices las cosas, pues las palabras pueden herir como dagas y dejar huella en quien las oye. Haces muy bien en decir lo que piensas; hazlo todavía mejor y piensa lo que dices.

4. Cambia «por qué» por «para qué»

Ya has visto al inicio de este capítulo a la mujer que se encuentra con la silla rota, la que no salía del *porqué*. En muchas circunstancias de tu vida te harás la pregunta: «¿Por qué me tiene que estar pasando esto a mí?», o cuando analizas la conducta de los demás, especialmente si es molesto para ti, tu mente te dirá: «Pero ¿por qué me hace eso?». Tal vez necesites tres vidas más para encontrar la respuesta o podrías preguntárselo directamente a la otra persona y quizás ella tampoco sepa qué decir. Sea como sea, habrá momentos en que tendrás que aparcar el *porqué* para focalizarte en la finalidad, el objetivo o la funcionalidad de lo que está ocurriendo. Un *para qué* te encamina a la acción, a ponerte en marcha, a comprender, a empatizar; el *porqué* en bucle es en ocasiones fuente de mucho sufrimiento.

Si sólo nos centramos en buscar el origen de *por qué* nos ocurren ciertas cosas o incluso de *por qué* los demás actúan como lo hacen, es muy probable que no encontremos la respuesta por una sencilla razón: nuestro comportamiento obedece más a una finalidad que a algo que lo origine. Hacemos cosas para conseguir algo, de aquí que el *para qué* sea mucho más útil para comprendernos e incluso para orientarnos al cambio cuando nos equivocamos. Este hecho se ve muy claro cuando discutimos con alguien y al final terminamos enfadados. Si nos centramos en *por qué* hemos acabado así, probablemente no sabremos qué contestar, pero si nos preguntamos «qué queríamos conseguir» enseguida nos daremos cuenta de que la discusión iba creciendo porque ninguno de los dos estaba llegando a donde quería llegar. Esto también nos será muy útil si, además de ver la finalidad frustrada, nos preguntamos qué haremos la próxima vez que nos encontremos en la misma situación para no caer en los mismos errores. Por lo general los *porqués* en este terreno se podrían responder con un «porque sí», «porque no» o «no lo sé», lo cual no nos da información útil y además nos enroca; en cambio, el *para qué* está lleno de matices y sutilezas que nos pueden ayudar a comprender, a cambiar y a mejorar.

5. Aprende a aceptarte y aprende a aceptar

• Acéptate

Seguro que en muchas ocasiones tratas mejor a los demás que a ti mismo, y creo que deberías hacerlo por igual, mimándote más a ti si cabe. No te juzgues con crueldad ni por lo que piensas, ni por lo que sientes ni por lo que haces. Comprende qué hay detrás de todo ello, acéptalo y encamínate a cambiar lo que menos te gusta. Llévate bien con la duda y la incertidumbre, ya hemos dicho que tienes derecho a cambiar de opinión, y es absolutamente normal no tener la seguridad total y absoluta de que las cosas van a ir bien y no por eso dejar de hacerlas. Acepta tus errores y tus imperfecciones, forman parte de ti y, como dijo el gran maestro Yoda: «Tu mejor amigo es tu último error».

• Acepta a los demás

Aceptar a los demás tal como son te librará en muchas ocasiones de sentir ira, resentimiento, celos y un sinfín de emociones negativas que te podrías haber evitado. En la mayoría de los casos la dificultad reside en que ves a los demás sólo con tus propios ojos y bajo tu prisma, y eso impide la aceptación. Si quienes te rodean se comportan de forma diferente a como tú crees que debe hacerse, te vas a enfadar a menudo porque no te centras en las diferencias ni te pones en su perspectiva, lo ves todo desde un planteamiento egocéntrico que conlleva mucho sufrimiento emocional porque difícilmente, ya te digo yo que imposible, encontrarás a alguien igual que tú. Pero si aceptas al otro como es empezarás a cambiar el «no soporto que haga eso, me pone nervioso» por el «no me gusta que lo haga, yo no lo haría jamás; pero entiendo que se haya comportado así siendo como es». ¡Pufff, qué descanso cuando vemos a los demás bajo esta perspectiva...!

Llegamos al final de este capítulo y no quiero acabar sin antes recordarte que tienes ciertos derechos asertivos que nadie debería negarte ni vulnerarte; tampoco lo hagas tú contigo mismo. Toma nota de cada uno de ellos y chequea día a día si los has ejercido. Es bueno que los ejerzas, pero piensa también que todos los que te rodean tienen los mismos derechos que tú. A veces, sin maldad ni intencionalidad, se los negamos. Ponlos en práctica, hazte con ellos y grábatelos a fuego. Cuando lo hagas notarás una agradable sensación de bienestar, pero por encima de todo te sentirás libre: te harán soltar el lastre de muchas creencias limitantes que no han hecho más que impedir que disfrutaras de lo que tanto mereces. Aquí tienes algunos:

- TIENES DERECHO A SER TRATADO CON RESPETO Y DIGNIDAD

- TIENES DERECHO A COMETER ERRORES
- TIENES DERECHO A TENER TU PROPIA OPINIÓN Y A CAMBIARLA
- TIENES DERECHO A NO DAR EXPLICACIONES
- TIENES DERECHO A EXPRESAR CRÍTICAS
- TIENES DERECHO A DECIR «NO» Y «NO LO SÉ»
- TIENES DERECHO A ELEGIR ENTRE RESPONDER O NO HACERLO
- TIENES DERECHO A PEDIR AYUDA Y APOYO
- TIENES DERECHO A NO CARGAR CON RESPONSABILIDADES QUE NO SON TUYAS
- TIENES DERECHO A DECIDIR QUÉ HACER CON TU VIDA, CON TU TIEMPO Y CON TU CUERPO
- TIENES DERECHO A PEDIR Y A TENER TUS PROPIAS NECESIDADES
- TIENES DERECHO A EXPRESAR TU DOLOR

¿Cuántos de estos derechos no has ejercido nunca o has dejado de ejercer por la presión de tu propia mente o la de los demás, por miedos irracionales o creencias erróneas? Seguramente muchos de ellos. Piensa en cómo sería tu vida si a diario los pusieras sobre la mesa y los usaras, invitando a los que te rodean a que también lo hagan; no digo que el mundo sería un lugar absolutamente maravilloso, pero sí estoy convencida de que sería un poquito mejor de lo que es. Haz como decía María Jiménez en su genial canción «Se acabó»:

Se acabó
porque yo me lo propuse y sufrí
como nadie había sufrido y mi piel
se quedó vacía y sola, desahuciada
en el olvido y después
de luchar contra la muerte empecé
a recuperarme un poco y olvidé
todo lo que te quería y ahora ya...
ahora ya mi mundo es otro.

Haz de tu nuevo mundo un lugar donde disfrutar
de lo que tanto te mereces. Puedes empezar
ya si quieres, aquí y ahora. ¿Por qué
esperar...?

PSICO-PÍLDORAS

«NO EXISTE NADA NI BUENO NI MALO, ES EL PENSAMIENTO HUMANO EL QUE LO HACE APARECER ASÍ.»

WILLIAM SHAKESPEARE

- NO TODO LO QUE PIENSAS TIENE POR QUÉ SER CIERTO

- SER OBSERVADOR TE DA MÁS PERSPECTIVA, SER SÓLO PENSADOR TE LA REDUCE

- CIERTAS CREENCIAS TE IMPIDEN EJERCER Y REIVINDICAR TUS DERECHOS

- TIENES EL DERECHO, CASI LA OBLIGACIÓN, DE COMETER ERRORES: SÓLO ASÍ AVANZAS

- SI TE COMPARAS CON LOS DEMÁS, DEJAS DE SER TÚ MISMO

- SI INTENTAS CONTROLARLO TODO, TE DESCONTROLARÁS

- ACEPTA QUIÉN ERES, NO HAY RECAMBIOS NI DEVOLUCIONES

6

Material altamente sensible

Si estás leyendo esto... felicidades, estás vivo.
Si eso no es algo por lo que sonreír, entonces
no sé lo que es.

CHAD SUGG

Contundentes, geniales, hermosas y verdaderas cada una
de las palabras del autor y músico Chad Sugg. Las he escogido porque no he encontrado otra cita que resuma mejor
lo que pienso y siento acerca de lo que es vivir y porque
no sé lo que es vivir sin sentir. Sabemos que la realidad
puede ser un bofetón en toda la cara en determinados momentos, pero no es menos cierto que es una auténtica maravilla vivir y estar vivo, simplemente por el hecho de que
es lo único que conocemos y podemos disfrutar. Si estar
muerto es mejor, por favor, que venga alguien y nos lo diga.
Pero por ahora nos quedamos aquí y ahora. La única certeza que tienes es que me estás leyendo, tu latido cardíaco
está plenamente activo y espero que tu atención sea también plena. Lo demás está por venir y lo que sucedió no
volverá. Vives y sientes.

Te contaba páginas atrás que estamos casi obsesionados, por una cuestión cultural y educacional, con experimentar sólo emociones y sensaciones positivas, huyendo y evitando siempre cualquier atisbo de dolor o sufrimiento, olvidando que también debemos aceptar estas emociones, darles su espacio, su tiempo y hacer de ellas fuentes de aprendizaje para experiencias futuras. Nos escondemos para llorar, no queremos que los demás vean nuestras lágrimas o que nos vean tristes ni tampoco aceptamos que lo estamos, renunciando a nuestra propia naturaleza ya que todas las emociones tienen una función en nuestras vidas. De hecho, ya que nos gusta tanto eso de la «felicidad», todavía no nos hemos dado cuenta de que la tristeza puede ser un elemento clave para llegar a ella o algo que se le parezca. Nuestra sociedad sobrevalora la felicidad, haciéndola inalcanzable para todas aquellas personas cuyo único objetivo es conseguirla a toda costa, y la búsqueda continua de esta felicidad inexistente constituye en muchas ocasiones la verdadera fuente del malestar psicológico. Curiosa contradicción: *Cuanto más deseo la felicidad, más infeliz soy.* Estaremos bien con nosotros mismos cuando aceptemos cada una de nuestras emociones, por muy desagradables que sean o precisamente por el hecho de que lo son. Ahí radica el auténtico bienestar psicológico: en la comprensión y la aceptación del sufrimiento, en vez de en la huida y la negación.

Son muchas las personas que llevan demasiado tiempo, quizás toda una vida, con una sensación de desconexión de la realidad y del mundo en el que viven. Se sienten altamente incomprendidas y no aceptadas por lo que se supone que debe ser un patrón generalizado y «normal» de comportamiento. Hablo de personas con una gran dosis de sensibilidad que están permanentemente disimulando o fingiendo lo que sienten por miedo a este juicio estandarizado de que la fortaleza y la seguridad psicológicas distan mucho de lo emocional. Son vistas y se sienten como bichos raros en un mundo muy superficial con una evidente tendencia al hedonismo, a no sufrir y a evitar el dolor. Este tipo de personas actualmente son conocidas por la sigla PAS (Personas Altamente Sensibles).

Esta nomenclatura no está recogida en ningún manual de psicología ni en ninguna clasificación como un determinado tipo de personalidad, tiene su origen en un libro escrito en 1975 por la psicóloga estadounidense Elaine Aron: *The Highly Sensitive Person*, curiosamente traducido al español como *El don de la sensibilidad*. Desde entonces es un concepto que va ganando terreno y protagonismo en el campo de la psicología y su definición ha ayudado a millones de personas en todo el mundo a comprender qué les estaba ocurriendo (si es que les estaba ocurriendo algo o era el mundo en el que vivían el que giraba al revés). Tanto es así que en la actualidad existen asociaciones cuyos miembros se sienten identificados con este nuevo rasgo de personalidad. En nuestro país está el caso de APASE (Asociación de Personas con Alta Sensibilidad en España).

Como en toda clasificación, hay que ir con mucho tino, ya que no soy muy amante de las etiquetas y, obviamente, aunque es verdad que contextualizar ciertos conceptos ayuda a entender ciertas realidades, deberíamos huir de la heterodoxia de definir a las personas como «miembros de» o considerarlas como «pertenecientes a» porque, lejos del objetivo inicial de aceptación y comprensión, se puede acabar constituyendo grupos o guetos que las excluyan de la realidad. Somos lo que somos, con total singularidad y con la particularidad de que reunimos ciertos rasgos comunes a otros individuos y no tan comunes a la población en general, pero todos vivimos en un planeta llamado Tierra y la creación de universos paralelos (como veremos en otro capítulo de este libro) puede resultar muy perjudicial para nuestro bienestar psicológico.

Desde esta clasificación se pretende que ciertas personas que han vivido durante mucho tiempo con una gran dosis de sufrimiento psicológico entiendan de qué están hechas y cómo pueden encajar en un mundo altamente insensible que las tacha de débiles o vulnerables. Son muchos los que se identifican con este nuevo rasgo de personalidad, que de momento no ha sido reconocido de manera oficial desde la psicología. Dicho esto, veamos qué entendemos por ser una Persona Altamente Sensible, con todo lo que ello conlleva, incluyendo ventajas e inconvenientes.

Como suele ocurrir en muchas ocasiones, Elaine Aron escribió su libro con el afán de comprenderse y entenderse mejor a ella misma, viendo que su forma de procesar la información, de sentir y de percibir la realidad era bastante diferente a la del resto de las personas que la rodeaban. Es así como llega a la conclusión de que existe un rasgo al que denomina «alta sensibilidad», que es una característica de las personas que reconocen sufrir más que los demás ante ciertos acontecimientos o vivencias, no sintiéndose integradas en un mundo en el que la alta sensibilidad no es valorada ni potenciada porque se aleja mucho del credo generalizado y erróneo de que «siempre gana el más fuerte». Se estima que casi un 20 % de la población entraría en esta clasificación, por lo que estaríamos hablando de que una de cada cinco personas tendría alta sensibilidad, lo que hace bastante probable que o tú lo seas, o bien que alguien de tu entorno más cercano pueda serlo.

La alta sensibilidad ya se manifiesta en la infancia, incluso hay quien apunta que lo hace mucho antes, pudiendo apreciarse desde que somos bebés. Las personas altamente sensibles de bebés tienen algunos rasgos muy característicos, como una gran dificultad para conciliar el sueño, y son muy sensibles a la estimulación excesiva de luz, de ruido o a la presencia de mucha gente a su alrededor. Posteriormente, cuando van creciendo, son niños creativos e intuitivos, y con altas dosis de sufrimiento hacia el dolor ajeno, altamente empáticos. De este modo, parece ser que la alta sensibilidad es un rasgo más biológico que adquirido por la educación o el entorno, y es justo en este entorno en el que las personas altamente sensibles coinciden a la hora de afirmar que no acaban de encajar. La alta sensibilidad puede ser un don, pero también hacen falta ciertas estrategias si la tienes tú o la tiene alguien cercano a ti, para poder hacer frente a las demandas del exterior y no sufrir en exceso o inútilmente, en cuyo caso el sufrimiento, lejos de ser fuente de enriquecimiento personal, puede llegar a convertirse en el único protagonista de tu vida.

Hay evidencias biológicas que sustentan la hipótesis de que el rasgo de alta sensibilidad parece venir de fábrica. En un estudio de la Universidad de Stony Brook, la Universidad de California, el Albert Einstein College of Medicine y la Universidad de Monmouth compararon y analizaron cerebros de personas altamente sensibles con otros de personas que no presentaban el rasgo y llegaron a las siguientes conclusiones:

- Las áreas cerebrales involucradas en la respuesta empática (el también conocido como «sistema de neuronas espejo») mostraba mucha más actividad en personas con alta sensibilidad que en personas que no presentaban este rasgo.

- Se apreciaron los mismos registros de mayor actividad cerebral, medida por la cantidad de flujo sanguíneo, en áreas cerebrales relacionadas con la conciencia, con el procesamiento de la información sensorial (de ahí la alta sensibilidad a ciertos estímulos como ruido o luz intensos), así como en el área que procesa la planificación de nuestras acciones.

A partir de estas conclusiones todo parece indicar que existe este rasgo de alta sensibilidad y que se explica biológicamente por un nivel de funcionamiento superior en ciertas áreas del cerebro, lo que caracteriza a las personas altamente sensibles como individuos con una particular respuesta emocional. Al mismo tiempo, y en investigaciones paralelas, se ha llegado a conclusiones que avalan la hipótesis del origen biológico de la alta sensibilidad por haberse observado más activación en el hemisferio derecho (en el que se procesan habilidades espaciales, la música, el reconocimiento facial, etc.) que en el izquierdo (mucho más analítico y «menos sensible», por decirlo de algún modo).

Si te molestan los ruidos, las luces, lloras con facilidad, empatizas en exceso con el dolor ajeno o eres altamente sensible al dolor, entre otras muchas características, es posible que pertenezcas a este nuevo universo denominado PAS.

Características de la alta sensibilidad

En términos generales, hablamos de personas que son más sensibles que el resto, y de lo que ello comporta a la hora de adaptarse a un mundo que es muchas cosas menos pura sensibilidad y empatía; así que imagínate lo que supone ser poseedor de alta sensibilidad. En proporción, no son la mayoría de la población, ni mucho menos, y a pesar de las dificultades inherentes a la alta sensibilidad deberíamos plantearnos aquí ese magnífico dicho que afirma: «Que lo haga todo el mundo no significa que esté bien, y que no lo haga nadie no significa que esté mal». Es decir, que sean pocos no quiere decir que estén equivocados; quizás el error está en la insensibilidad de la mayoría. Veamos qué características tienen las personas altamente sensibles:

1. Sienten, y mucho, luego existen

Obviamente es el rasgo más característico: la alta sensibilidad. Sienten con mayor intensidad que el resto de la población o de los mortales. Son lo que comúnmente se conoce como «personas muy sentidas», y suelen ser valoradas injustamente de forma negativa por poseer tal rasgo. Reaccionan más ante los acontecimientos vitales y empatizan con mayor intensidad, por lo que su sufrimiento también es mayor; se preocupan mucho por lo que les ocurre a los demás y por las reacciones que los demás tienen hacia ellas.

2. Acostumbran a ser incomprendidas y tachadas de «blandas»

Ésta es quizás la consecuencia más injusta con la que deben convivir. Si estás harto de que te digan cosas como «No te lo tomes todo tan a pecho», «No te lo tomes de forma personal», «Eres demasiado sensible», «Todo te afecta demasiado» u otras lindezas, seguramente tengas un procesamiento sensorial y emocional superior al de la gente que te rodea, y los demás, al no identificarse con esta característica, la perciben como algo anormal e inadecuado. Que no sientan con la misma intensidad no les legitima a culpabilizarte cuando lo haces tú.

3. Tienen dificultades para tomar decisiones

Les cuesta mucho más tomar decisiones porque tienen en cuenta esos pequeños detalles o sutilezas en los que la mayoría no cae, por lo que suelen invertir más tiempo que el resto a la hora de decidirse. Vivimos en un mundo con prisas y con una alta censura ante la duda o la indecisión (recuerda que era un derecho, que no se nos olvide), por lo que no te costará imaginar la presión a la que continuamente se ven sometidas las personas con alta sensibilidad sólo porque tardan más en decidirse. Ya ni te cuento qué sienten cuando, una vez tomada la decisión, se dan cuenta de que era la equivocada. Su sensación se multiplica debido a la primera característica de la que te hablaba en este apartado. Un calvario...

4. Observan, ven y vuelven a observar

A la mayoría de la población se le pasan por alto ciertos detalles que las personas altamente sensibles sí tienen en cuenta. Observan todo aquello que las rodea, sobre todo las sutilezas. Ser una persona con alta sensibilidad lleva en muchas ocasiones a preguntar aquello de «pero ¿no te has dado cuenta de que...?», porque han visto y observado mucho más que el resto.

5. Cuidado con el ruido, la gente y la luz

Responden más intensamente a ciertos estímulos. La verdad es que no conozco a muchas personas a las que les guste el ruido estridente, la luz cegadora o la muchedumbre a su alrededor, pero en el caso de las personas hipersensibles son muy vulnerables ante este tipo de entornos, responden con muchísima más intensidad que el resto, lo que implica que también se cansan, se fatigan y se saturan con más facilidad en ciertos ambientes. Mientras sus amigos parecen disfrutar de lo lindo en una discoteca o en un concierto, una persona con alta sensibilidad deberá hacer un gran esfuerzo para permanecer ahí y disfrutar del ambiente porque la estimulación es procesada con mayor magnitud. En ocasiones callan para no incomodar y resisten situaciones que les resultan altamente desagradables. Otra piedra más en la mochila...

6. Sin violencia, por favor
Siempre digo que estamos banalizando la violencia, que nos hemos acostumbrado a ella y la hemos normalizado de una manera muy peligrosa. Con las personas hipersensibles ocurre justo lo contrario: simplemente no la toleran ni la soportan; una denuncia y un desprecio que, creo, debería ser generalizado. En este caso hay un doble motivo por el que el procesamiento de la información violenta resulta altamente molesta y desagradable: la alta empatía hacia el dolor ajeno no concibe el sufrimiento de los demás con la violencia de por medio y, por otro lado, la sobreestimulación sensorial inherente a la violencia dificulta su aceptación. Es éste sin duda un punto a favor, y grande, de la alta sensibilidad.

7. Lloraban, lloran y llorarán
Lloran, sí, y mucho más que el resto, afortunadamente. Su alta sensibilidad y su alta capacidad empática las lleva a

sufrir más y dan rienda suelta a esa tristeza que sienten en su interior. Quizás esta característica sea la que más utilizan los menos sensibles para avergonzarlas y ponerlas en evidencia. Si existe la creencia generalizada de que llorar es de débiles y cobardes, no hace falta que te diga lo que han tenido que oír a lo largo de su vida las personas con alta sensibilidad. Un auténtico e injusto sambenito, aderezado con altas dosis de incomprensión y falta de empatía hacia quienes no hacen más que expresar de forma libre lo que sienten. Pero, por suerte, con las emociones positivas les ocurre lo mismo: ríen más ya que siempre están con las emociones a flor de piel y con el termostato más alto.

8. Actúan solas

Decididamente prefieren la individualidad en muchos entornos. En los deportes, por ejemplo, eligen más los individuales que en equipo, y sienten predilección por hacer ejercicio solos. A la hora de trabajar también prefieren hacerlo de forma individual, aunque son muy eficientes en aquellos grupos de trabajo en los que la decisión final no depende de ellos. Serán altamente resolutivas cuando se trate de analizar todos los detalles, las ventajas y los inconvenientes de cualquier ejecución, pero la responsabilidad final prefieren delegarla en otra persona. Su alta sensibilidad sensorial las lleva a estar más cómodas en ambientes cerrados, silenciosos y con mayor individualidad. No hace falta que te diga que la calificación de «bichos raros» o «lobos solitarios» es algo que esas personas deben oír habitualmente, con la subsiguiente estigmatización. Volvemos de nuevo a la poca sensibilidad, comprensión y empatía de quienes no poseen este rasgo.

9. Cuidado con las críticas

Su alta sensibilidad las predispone a no procesar bien las críticas, por lo que es un terreno que las personas altamente sensibles sí deberían trabajar ya que serán muchas las ocasiones en las que los demás emitan un juicio de valor negativo. Como no toleran ni llevan bien las críticas, esto las puede conducir a evitarlas o a no saber hacerles frente y, en este sentido, la alta sensibilidad sería un inconveniente. Esto podría guiarlas hacia el peligrosísimo sendero de intentar gustar a todo el mundo, satisfacer a los demás por encima de ellas mismos o ser extremadamente autocríticas.

10. Empatizan e intuyen

Van sobradas de empatía e intuición. Tienen una conexión emocional con los demás muy alta e intensa. Son muy hábiles en el establecimiento de relaciones pues quienes las rodean se sienten comprendidos y aceptados; en el lado oscuro de esta gran habilidad se encuentra el sufrimiento. Sufren más que el resto porque una alta empatía puede ser en ocasiones un auténtico contagio emocional. Una cosa es entender la tristeza del otro y conectar con ella y otra muy distinta es sentirse igual de triste en la propia piel. Deben aprender a distanciarse un poco emocionalmente, sin alejarse de esa preciada empatía. Su alta intuición, por otro lado, las lleva a leer incluso lo que para los demás no está escrito. Ven lo que otros ojos no ven, lo que las predispone a apreciar detalles y sutilezas en el registro emocional ajeno que para la mayoría pasan absolutamente desapercibidos.

11. Poseen una gran vida interior

Son observadoras, intuitivas, empáticas, grandes pensadoras y sienten con intensidad. No es difícil ver que con todas estas características sean personas que aprecian los pequeños detalles de la vida, lo que quizás de verdad importa, y poseen una gran capacidad para experimentar las emociones a flor de piel, por lo que acaban teniendo un sentido vital profundo, con vivencias muy intensas y con una habilidad especial para mirar hacia el interior, hacia lo que uno siente o, en definitiva, hacia todo aquello que indica que estamos vivos. Ésta es una de las grandes ventajas de ser altamente sensible, a pesar de todo el malestar que conlleva no ser comprendido por los demás o vivir en un mundo ruidoso, violento y apresurado en exceso, así como muy insensible al sufrimiento ajeno.

No sé si te habrás visto reflejado en alguna, en más de una o en casi todas las características descritas con anterioridad, pero hay que decir que ser altamente sensible, más que una desgracia, puede ser visto como un auténtico don. Un don no compartido por la mayoría, con lo cual tendremos que lidiar con los inconvenientes que esto supone: la incomprensión, la falta de aceptación y las dificultades inherentes a la alta sensibilidad para adaptarse a ciertos entornos y para lidiar con ciertas personas o situaciones. Como todo en esta vida, ser altamente sensible también tiene su cara y su cruz.

La hipersensibilidad puede llevarnos a cierta predisposición al sufrimiento (hay quien afirma que las PAS tienen más propensión a sufrir ansiedad y depresión), pero también es verdad que la alta sensibilidad no tiene por qué ser algo potencialmente pernicioso sino más bien todo lo contrario ya que por su capacidad para captar matices y sutilezas que a los demás les pasan inadvertidos, los hipersensibles a menudo aportan a su trabajo y a sus relaciones una buena dosis de visión y de humanidad.

Si es cierto que este rasgo llega algún día a aceptarse como un mero patrón de personalidad, lo primero que hay que hacer es identificarlo y aceptarlo como tal, como parte de uno mismo, para comprender qué está sucediendo y qué ha sucedido a lo largo de nuestra vida, y por qué en ciertos contextos, situaciones o con algunas personas uno se ha sentido altamente incomprendido o incluso rechazado y culpabilizado por ser como es. La mayor de las ventajas es la libertad emocional con la que se vive desde la hipersensibilidad: «Siento lo que siento y lo expreso sin tapujos». No sólo se viven las propias emociones con más intensidad, sino que se tiene la capacidad y la habilidad de ser mucho más perceptivo ante las emociones de los demás.

El caso de la mujer altamente sensible

Recuerdo el caso de una chica de veintiséis años que vino a verme hace un tiempo. Durante la primera entrevista, al preguntarle el motivo de la consulta no supo decirme cuál era la razón por la que había acudido a mí, pero rompió a llorar mientras afirmaba: «No sé qué me ocurre, pero no soy feliz. Me siento débil, cobarde, todo me afecta y los demás no me entienden». Llevaba sintiendo eso desde una edad muy temprana, pues había tenido que oír desde muy pequeñita que era un poco «especial», que no se le podían decir ciertas cosas porque todo se lo tomaba a pecho, que lloraba por todo, que era muy blanda y que no llegaría muy lejos con esa actitud, hasta el punto de que no se le contaban ciertas cosas por si le afectaba o se la excluía de ciertos eventos para que no pasara un mal rato. Ya te puedes imaginar los efectos de una educación basada en la evitación del sufrimiento y la sobreprotección. Cuando vino a mi consulta, le faltaba seguridad personal, se esforzaba a diario para no mostrar sus emociones, conteniendo el llanto en situaciones en las que deseaba llorar a moco tendido, se hacía la fuerte adoptando una actitud pasota y prepotente que nada tenía que ver con ella, su autoestima estaba por los suelos y sólo se permitía ser libre y ella misma cuando llegaba a casa, pero el esfuerzo por aparentar ser quien no era la agotaba tanto que lo único que hacía era llorar e irse a dormir, muchos días sin ni siquiera cenar, exhausta. Estaba decidida a no seguir viviendo así pero no sabía qué le estaba ocurriendo. En una de las frases que pronunció, definió muy bien cómo se sienten los millones de personas altamente sensibles en todo el mundo: «Para poder funcionar ahí fuera tengo que dejar de ser yo». Una renuncia excesiva y muy costosa en el ámbito de las emociones.

Nadie supo ver que se trataba de una persona altamente sensible, nada que ver con los calificativos que tuvo que soportar durante años y que arraigaron en ella de tal forma que acabó por convencerse de que era «muy poca cosa» en realidad, renunciando a estudiar Derecho, que era lo que más le gustaba, porque le dijeron que ella nunca podría ser una buena abogada debido a su «manera de ser tan floja».

Descubrir y entender su alta sensibilidad la ayudó a aceptarse más, a hacer comprender a los demás que no había debilidad tras su forma de ser y a aprender ciertas herramientas de afrontamiento para algunas situaciones en las que su alta sensibilidad podía jugar en su contra. De eso hace ya tres años y en la actualidad, según me contó hace poco por email, está cursando segundo de Derecho. Sigue llorando y las cosas le siguen afectando más que a otras personas, me contaba, pero ahora lo hace desde la aceptación y sin sentimiento de culpa. Una valiente.

Soy una pas (persona altamente sensible). ¿Qué hago?

1. Haz de tu hipersensibilidad un superpoder

La verdad es que ser altamente sensible, a mi parecer, tiene muchas ventajas desde el punto de vista emocional porque todo es más intenso y más libre, sin restricciones. Huyendo de la desmesura y con los pies siempre en contacto con la realidad, aceptar que eres más sensible que el resto de la población debería ser más un don que una cruz, como muchos han querido hacerte creer. Hay más creatividad, más empatía y más intuición, entre otras cosas. Así que, a pesar de que te etiqueten de «flojo» o «blando», ponte la capa de Supersensible y sal a sentir este mundo que te está esperando.

2. Así eres y así sientes
Acéptate, ser altamente sensible no es ninguna patología ni una manera de ser disfuncional o errónea, simplemente es una manera más de ser. Cuando te reconozcas en tu hipersensibilidad lo primero que deberás hacer es despegarte todas las etiquetas que te han ido poniendo desde que eres pequeño; deshazte de ellas y dirígete hacia la libre expresión de quien eres en tu día a día. Si te niegas, te pierdes.

3. Desconecta de vez en cuando
La intensidad con la que vives todo te puede llevar fácilmente a la saturación, por lo que vas a tener que cuidarte mucho en este terreno. Desconecta de vez en cuando: practica deporte, meditación, respiración profunda, pinta, baila, canta... Necesitas un respiro más que nadie. Hemos visto que empatizar en exceso puede derivar en que sufras más, por eso has de cuidarte un poco más de lo que hacen la mayoría de las personas.

4. Escucha a tu cuerpo

Como persona altamente intuitiva deberías escuchar y prestar atención a esas señales internas que en ocasiones te dicen adónde ir o no y qué hacer o no; seguramente tomes la decisión adecuada. Hazte más caso, tu voz interior está muy bien sintonizada.

5. Tómate tu tiempo

El mundo te apremia, te mete prisa y te dice que tienes que ir más rápido. Ni caso. Precisamente porque observas y te centras más en las sutilezas y en los detalles que la mayoría ni siquiera ve, no hagas caso a la gente apresurada y haz las cosas a tu ritmo, disfrutándolas, como has hecho siempre, aunque te lo hayan echado en cara.

6. Pon límites

Ser altamente sensible no te hace inferior (pero tampoco superior) a los demás. Tiene sus ventajas, como hemos visto, y qué te voy a contar de sus inconvenientes, pero aprende a decir «no» ante ciertas situaciones y no permitas jamás que se te falte el respeto o se te juzgue críticamente por ser como eres. Basta ya de tener que aguantar que eres «débil», «flojo» y «quejica». Reivindica tu hipersensibilidad, y si algunos no lo entienden o siguen en la misma dirección, mejor alejarse de ellos. Se acabó.

ESTOY JUNTO A UNA PAS (PERSONA ALTAMENTE SENSIBLE).
¿QUÉ HAGO?

Puede que tú no seas una persona hipersensible y no te hayas visto reflejado en lo que hemos tratado en este capítulo, pero teniendo en cuenta que se estima que el 20 % de la población sí lo es, es muy probable que alguien cercano a ti lo sea. Ten en cuenta que también necesita recibir cierto trato por parte de quienes le rodean para poder aceptar y comprender mejor su rasgo. Habrá actuaciones altamente recomendables y otras de las que tendrás que huir si no quieres dañarle:

1. No le llames «quejica», «flojo» o «llorón»
Piensa que procesa la información de manera diferente a como la procesas tú, pero eso no le hace merecedor de esas lapidarias y terribles afirmaciones que no harán más que encerrarlo en sí mismo, impidiendo su libre expresión y sumiéndolo en un gran sufrimiento y aislamiento de los demás. Ya sufre más que tú de serie, no le añadas más tormento. Tener que oír esas etiquetas durante toda una vida puede conducir a uno a un estado de angustia y tristeza permanente. Intenta comprender en vez de juzgar.

2. Comprende su mundo
Muestra interés por cómo ve y siente las cosas. Pregúntale qué le molesta, qué no le gusta y qué le hace sentir particularmente incómodo debido a su alta sensibilidad. Muéstrale comprensión en vez de queja, y si está en tu mano evitar

todo aquello que le resulta molesto, le facilitarás mucho las cosas, te lo agradecerá y le ayudarás en la aceptación de su condición o rasgo de personalidad.

3. Crea un ambiente adecuado

Su procesamiento sensorial es muy sensible, probablemente más que el tuyo. Quizás te guste tener la música a todo volumen, todas las luces encendidas y eres de los que tiene una voz potente. Piensa que todos estos estímulos pueden resultar altamente cargantes y fatigantes para alguien con alta sensibilidad. Si compartes espacio, tenlo en cuenta: baja la intensidad.

4. Respeta su ritmo y su tiempo

En consonancia con lo anterior, intenta empatizar y ser comprensivo con el ritmo interior de la persona altamente sensible. Si eres de los que siempre va con prisa y quieres decisiones rápidas, tendrás que adaptar tu ritmo al suyo, o bien mantener el que ya tienes sin exigir que te siga. Eso desestabilizará enormemente a la persona hipersensible, creerá que no está a la altura, que está llena de inseguridades y que no puede estar junto a ti porque te frena y te impide hacer muchas cosas, cuando en realidad no es así.

5. Evita la confrontación en ciertos temas

No soy muy amante de evitar nada, más bien todo lo contrario. Siempre he defendido que la mejor manera de enfrentarse a algo es hacerle frente, por muy desagradable que nos pueda parecer. Ahora bien, si estás junto a una persona altamente sensible y conoces de sobra los temas que le disgustan en particular, evita sacarlos a colación a no ser que sea imprescindible para llegar a algún acuerdo o tomar una decisión importante. Evítale un mal momento si no es necesario pasar por ahí. No alimentes esos temas delicados que sabes que la desestabilizan, o bien para y dale al *stop* cuando en plena discusión veas que lo está pasando francamente mal. Te lo agradecerá.

6. Sé detallista

La persona altamente sensible tiene una auténtica habilidad para procesar detalles que pasan desapercibidos para ti, por lo que te lo agradecerá y sentirá una gran conexión contigo si ve que tienes esa capacidad de observar qué le gusta y cuidar las pequeñas cosas. Será un gran gesto de comprensión y empatía.

Vivir implica sentir, y hay quien lo hace de forma demasiado intensa, por lo que deberá aprender a adaptarse a un mundo muy distinto y agradecerá todo gesto con el que se sientan comprendidos y aceptados más que juzgados y rechazados. ¿No es acaso la alta sensibilidad la máxima expresión de lo que implica ser humano? A mi parecer sí, teniendo en cuenta que deberán trabajarse ciertas áreas para no acabar con las conexiones fundidas por hacerlas funcionar tanto.

No es éste un mundo precisamente sensible ni comprensivo con el sufrimiento ajeno, no es un lugar donde abunde la buena educación, la humanidad y la empatía en particular; más bien todo lo contrario. Quizás sería éste un buen momento y una buena ocasión para aprender y aprehender algo de estas personas que saben cómo vivir intensamente, en contacto con la realidad y en conexión con ellas mismas y con los demás, en vez de quejarnos tanto de la falta de humanidad imperante porque, como decía Mahatma Gandhi: «No debemos perder la fe en la humanidad ya que es como el océano: no se ensucia porque algunas de sus gotas estén sucias».

PSICO-PÍLDORAS

«LA FALTA DE SENSIBILIDAD ES BÁSICAMENTE
UN DESCONOCIMIENTO DE NOSOTROS MISMOS.»
ERIC HOFFER

- SENTIR Y EMOCIONARSE NO ES PARA NADA SIGNO
  DE DEBILIDAD

- LA BÚSQUEDA INCESANTE DE FELICIDAD ES UNA GRAN
  FUENTE DE INFELICIDAD

- EMPATIZAR CON EL OTRO NO IMPLICA CONTAGIARSE
  DE SU EMOCIÓN

- ACEPTAR Y COMPRENDER LA SENSIBILIDAD LLEVA
  A CONECTAR CON EL MUNDO

- SI TE NIEGAS, TE PIERDES

- LA HIPERSENSIBILIDAD, LEJOS DE SER UNA DESGRACIA,
  PUEDE LLEGAR A SER UN DON

7

Frozen, *Titanic* y una camisa blanca

A mis pacientes les resultará familiar el título de este capítulo porque lo han oído más de una vez en la consulta, en un intento de poner un nombre reconocible a ciertas estrategias o situaciones muy útiles y comunes en nuestra vida cotidiana. Pero antes de entrar en materia creo que es justo, y para mí muy importante, brindar un reconocimiento a todas las personas que acuden a mi consulta. Vienen en busca de estrategias que las acerquen al bienestar emocional y les permitan hacer frente a las diversas formas que adquiere el sufrimiento en su vida. Debo decirles que aprecio enormemente su confianza y que valoro el gran esfuerzo y el empeño que ponen todas ellas y, sobre todo, quiero darles las gracias por ayudarme a mí también.

Este capítulo no habría sido posible sin ese trabajo común, sin esas horas de terapia compartida en las que ellas adquieren todo el protagonismo y la ayudan a una a ser más creativa a la hora de poner nombre a las cosas.

Aprovecho para mandaros un abrazo enorme a todos. Sabed que llevo un pedacito de cada uno en mi corazón y que juntos vamos creciendo como personas. No veo la posibilidad de que fuera así sin vosotros.

Soy muy amante de las metáforas, las analogías, las pruebas de realidad, las dinámicas que hacen visible una realidad cercana, familiar y personal para alguien, ya que es a través de ellas que muchas veces tomamos conciencia y nos identificamos con lo que pensamos, sentimos o hacemos, más que si lo explicamos con un lenguaje técnico o psicológico que no tiene por qué estar al alcance de todos.

Recuerdo que durante mi participación como psicóloga en el programa *Hermano Mayor* (Cuatro, 2010-2015), muchos jóvenes y padres tomaban conciencia de lo que estaba ocurriendo en su vida con una dinámica que escenificaba su realidad. Me vienen a la memoria varios casos: una pareja que tuvo que pasar un rato largo en una asfixiante sauna para sentir en la propia piel lo igual de asfixiante que resultaba su relación peligrosamente tóxica; o una madre que anduvo sobre un pequeño campo minado con petardos para darse cuenta de que eso era lo que vivía diariamente en casa con su hijo, presa de un miedo paralizante que le impedía actuar de la mejor forma posible, con miedo a dar un paso por si estallaba la ira; también hubo una ocasión en que nos subimos a un globo (con el miedo que me dan a mí las alturas) para cambiar la perspectiva con la que se hacía frente a una situación determinada; alejarnos del problema y verlo a vista de pájaro en ocasiones nos vuelve más objetivos y resolutivos; y como éstas te podría contar cientos, y es que todo lo que se viva en la propia piel es mucho más efectivo que lo que se escuche con los oídos.

Uno de los objetivos principales que me planteo siempre es que tanto mis pacientes como tú que me lees desarrolléis al máximo vuestra flexibilidad mental para mejorar una serie de estrategias que os van a ser muy útiles en vuestro día a día. Son experiencias, actitudes y modos de funcionar que contribuyen a vuestro propio bienestar emocional. Deberíamos abordar nuestra vida desde ciertos preceptos que olvidamos, no para ser felices, sino más bien para evitar lidiar con un sufrimiento inútil o para hacerle frente cuando llegue, sin parches ni vendas. También pueden resultar útiles para disfrutar un poco más de esos pequeños detalles que se nos escapan porque estamos perdiendo tiempo y energía al centrar nuestra atención en puntos de mira erróneos.

¿Te has parado a pensar por qué sufres o más bien evitas toda fuente de malestar? ¿Has reflexionado acerca de cómo procesas la información? ¿Eres de los que se queja continuamente sin ponerse manos a la obra? ¿O simplemente dejas que las cosas pasen sin participar de manera activa en ellas...? Antes de entrar en materia me gustaría que cogieras un bolígrafo y contestaras las siguientes preguntas:

PREGUNTAS PARA LA REFLEXIÓN I

1. ¿PODRÍAS DEFINIR QUÉ ESTÁ OCURRIENDO EN ESTOS MOMENTOS EN TU VIDA? ¿EN QUÉ PUNTO TE ENCUENTRAS?

2. ¿PODRÍAS DEFINIR QUÉ NO ESTÁ OCURRIENDO Y TE GUS-TARÍA QUE OCURRIERA?

....

....

....

....

....

....

Con estas preguntas tomas conciencia de dónde estás, hacia dónde quieres ir y qué no está ocurriendo para poder llegar a ese objetivo. Es una primera toma de conciencia de tu aquí y tu ahora; en lo bueno y en lo que no lo es tanto, es una valoración general de tu estado actual. Más adelante completaremos el ejercicio con un par de preguntas más. Empecemos ahora por ver qué estrategias nos pueden ser útiles para ir por esta vida con cierta serenidad, que no felicidad absoluta.

LO QUE ES, ES

Una evidencia, ¿no crees? Me refiero aquí al reconocimiento y a la aprobación de tus estados emocionales, básicamente. Cierto es, como dice el refrán, que todo depende del color del cristal con que se mira, y en este sentido la afirmación «Lo que es, es» podría ser muy discutible pues no todo es igual para todo el mundo; puede que hoy sea un día estupendo para ti y en cambio haya alguien muy cercano que no opine lo mismo: en lo que no podéis estar en desacuerdo es en el día de la semana que marca el calendario: si hoy es lunes, puede que sea un día estupendo para ti pero no para la otra persona, y esto es absolutamente objetivo y relativo, pero el hecho de que es lunes es irrefutable, ¿verdad? A eso me refiero cuando digo que las cosas son lo que son. Negar ciertas evidencias es el origen de un gran sufrimiento psicológico.

Aquí es donde entra en juego la aceptación de la que tanto hemos hablado a lo largo de este libro. No puedes huir de lo que piensas ni de lo que sientes; por mucho que lo intentes, ahí estará. Luchar contra ello es una batalla perdida y deberías empezar por tratarte un poco mejor, a pesar de que no te guste o que lo hagas en ciertas ocasiones. No eres perfecto. Frases como «No quiero estar así», «No quiero pensar eso», «No debería sentir lo que siento», «No tendría que estar pensando eso» no hacen más que añadir gasolina al fuego que ya tienes encendido; en este caso avivan las llamas en forma de pensamiento o emoción desagradable. Aceptar tu situación actual, aunque no estés en tu mejor momento, puede que incluso haga desaparecer problemas que no lo son. ¿Acaso no es peor intentar no pensar o no sentir que tener un pensamiento negativo o una emoción desagradable? Un pensamiento jamás te dañará y no hay ninguna emoción que sea peligrosa; ahora bien, el esfuerzo que estás haciendo para huir de ellos es lo que realmente te está desgastando y llevando al malestar psicológico. Acepta y vencerás.

CLAVES PARA ACEPTAR LAS COSAS TAL COMO SON

- **Las batallas perdidas de antemano ni son batallas ni se pueden ganar**
Es una pérdida de tu valioso tiempo, de tus recursos personales, y un esfuerzo inútil enrocarte en situaciones que no tienen solución. En ciertos momentos no podrás hacer nada más que aceptar las cosas como vienen, intentando ajustar las velas al nuevo rumbo, pero no podrás parar la nave. La vida es dinámica, los cambios están presentes en nuestro día a día y debemos escoger las batallas que queremos lidiar, porque si de todo hacemos un conflicto, cuando llegue la guerra de verdad te encontrará desarmado y exhausto.

- **Sé realista**
De ilusiones también se vive, es evidente; pero los castillos en el aire acostumbran a despegarte de la realidad y no se sustentan sobre suelo firme. Es bueno soñar, imaginar cómo podrían o cómo querrías que fueran las cosas, pero vivir en ese mundo de ensueño te dificultará aceptar la realidad si ésta se aleja mucho del cuento de hadas que te has montado en tu mente. Sueña, pero pisa suelo firme.

- **Cuanto más te resistas, peor**
No se trata de rendirse, ni muchísimo menos; es más, si crees que puedes hacer algo y está en tu mano, ve a por todas. Cuando hablo de no resistirse hago referencia a

que no pierdas tiempo ni te esfuerces en negar la realidad o hacer ver que «no ha pasado nada». Sufrirás inútilmente y durante más tiempo que si aceptas lo ocurrido y dejas de luchar contra tu enfado, decepción o tristeza por lo que te está sucediendo. Si te resistes, te cansas y las cosas siguen igual.

• **Familiarízate con cambios y despedidas**
No son fáciles, implican pérdidas y a veces son muy dolorosos, pero forman parte del transcurso natural de tu vida. Lo que era de una forma determinada de golpe y porrazo deja de serlo: te separas de tu pareja, te despiden del trabajo, te diagnostican una enfermedad. Pierdes mucho en todas estas ocasiones, así que cuanto antes te familiarices con la nueva situación, antes pondrás en marcha los recursos para hacerle frente o te encaminarás a pedir ayuda.

• **Reconoce cada una de tus emociones**
Acéptalas todas, sin excepción. No le des más importancia a la alegría que a la tristeza, no busques estar siempre sonriendo y contento. Tener miedo, estar triste, enfadarse o sentir asco y repulsión es en muchas ocasiones más útil que estar plácidamente sonriéndole a la vida. Si es así, disfrútalo; pero el verdadero motor para la acción es mayoritariamente el malestar, úsalo en beneficio propio.

- **El pasado ha quedado atrás**

Sí, ya no vas al instituto, ya no tienes veinte años, ya no estás tan flexible, ya tienes arrugas en el contorno de los ojos y más cosas que has dejado atrás para dar la bienvenida a otras nuevas, no sé si necesariamente mejores, pero tampoco peores, aunque sí distintas. Cuanto más te aferres a tu pasado, más te costará aceptar tu presente. Pasa página, sin olvidar lo escrito, pero enfócate en los nuevos capítulos de tu vida.

PONTE LAS GAFAS

Para enfocar mejor tus pensamientos y tus emociones no tienes que darles más valor del que tienen, sólo deja que se expresen, no les tapes la boca con esparadrapo. Para ver mejor hay que ajustar la manera en que miramos: en ocasiones, sin estas «gafas» psicológicas no filtras y sin filtro distorsionas.

Adopta el papel de observador, como si estuvieras en el cine mirando una película en la pantalla. ¿Te imaginas qué ocurriría si pudieras ver en ella todo lo que piensas o sientes en un momento dado? Quizás, desde la butaca, llegarías a esta conclusión: «Bueno, es lo que estoy pensando, pero no tiene por qué ser verdad ni me puede hacer daño. Forma parte de mí, ahí está. Veamos cómo he llegado hasta aquí». Este planteamiento sería mucho más efectivo que darte la vuelta para no mirar la pantalla o intentar parar la proyección. Sería una batalla inútil de las que hablábamos unos cuantos párrafos atrás. No te enganches a lo que piensas, no seas un yonqui de tus propios pensamientos.

CLAVES PARA AJUSTAR LA «VISIÓN»

- **La verdad absoluta no existe**

Sabes de sobra que no hay verdades absolutas. Cuenta una leyenda que los hombres, en busca de la verdad para resolver sus conflictos, pidieron consejo a los dioses. Éstos finalmente decidieron construir el espejo de la verdad al que acudirían cada vez que quisieran encontrar respuestas. Acabó siendo muy preciado y la codicia humana hizo que muchos quisieran hacerse con él como gran objeto de poder. En la pugna por el espejo que tenía la verdad absoluta, éste se cayó al suelo y se rompió en tantos pedazos como personas había, quedándose cada una sólo con un trozo de lo que una vez fue la certeza total. Bonita metáfora que pone de manifiesto que ninguno de nosotros tiene la verdad total en sus manos. No te creas poseedor de ese espejo que se rompió hace miles de años. Tus pensamientos no habitan en el Templo de la Verdad.

- **Sé rebelde**

No me negarás que alguna vez has cruzado la calle cuando el semáforo estaba en rojo o bien te has saltado alguna que otra norma. Pues haz lo mismo con tus pensamientos: no los obedezcas. La rebeldía tiene muy mala prensa, pero siempre he creído que los verdaderos cambios que se han producido en la sociedad, y en la humanidad en general, han sido obra de grandes desobedientes a la norma establecida: Gandhi, Martin Luther King, los Beatles, las valientes sufragistas y tantos otros.

- **La información no tiene por qué ser ni una amenaza ni un peligro**

Cualquier pensamiento tuyo no es más que información acerca de ti mismo. Es una visión de cómo ves el mundo; no tiene por qué ser un peligro o una amenaza para ti. De hecho, deberíamos considerar a nuestros pensamientos como aliados, incluso cuando nos tocan las narices o nos meten el miedo en el cuerpo. Simplemente nos informan de algo. Míralos como lo que son, en vez de ver desde ellos. Que no te atrapen, y déjalos que fluyan libremente sin engancharte a ellos.

Aquí estoy

Pues sí, ni es ayer ni es mañana, es hoy. La de veces que nos decimos «Si hubiéramos hecho eso...» o «Qué vamos a hacer el día de mañana...», pero no nos centramos en nuestro aquí y ahora. Te sorprendería la cantidad de tiempo que pierdes preocupándote por lo que ocurrió y angustiado por lo que está por venir. Te quita energía y fuerzas para ver y afrontar lo que realmente está sucediendo en estos momentos en tu vida. No me refiero sólo a conectar físicamente con el día de hoy, a ser consciente de si estás sentado en una silla, de pie o tumbado en la cama. Hablo de una conexión un poco más extensa: conecta contigo mismo ahora, con lo que eres y no sólo con lo que haces, y si estás en la dirección adecuada para dirigirte hacia donde quieres ir.

De hecho, lo único que está en tu mano es lo que puedes o no puedes hacer hoy. Ten en cuenta que esta actitud en apariencia tan simple, y que tan poco practicamos, es altamente liberadora de estrés. Cuando piensas mucho en el pasado o en el futuro en realidad es como si te partieras o fragmentaras en distintas personas. No tenemos el don de la omnipresencia, así que ¿cómo es posible que si estamos en 2019 sigamos viviendo en 1994 o nos angustiemos por 2020? Tenemos un solo cuerpo, una sola mente. Esta fragmentación puede resultar muy desquiciante. El momento oportuno es ahora, las personas que cuentan en tu vida son las que están aquí y ahora, y lo más importante es lo que estás haciendo justo en el presente. No hagas tantas películas, que tenemos sólo una pantalla y un proyector.

CLAVES PARA VIVIR EN EL PRESENTE

- **Centra tu atención**
Cuando estás a punto de cruzar la calle, lo más seguro es que mires al semáforo. Es lo más importante en ese

momento; de hecho, no hacerlo podría acarrearte graves consecuencias. Haz lo mismo en tu día a día: céntrate en lo que es relevante en cada instante, olvidando lo que «no toca». Focalizar la atención en cuestiones que no son urgentes o importantes en el presente no hace más que agotar los recursos que tienes para hacer frente a lo que tienes delante de tus ojos.

• Pensar está sobrevalorado

Hazlo en su justa medida; es más, por mucho que te empeñes no vas a poder impedir que tu mente genere pensamientos. Cosa distinta es recrearte o estancarte en ellos sin encaminarte a la acción y dejando en segundo plano tus emociones: piensa menos y siente más. Pensar demasiado desvía tu atención de lo que realmente es relevante para ti en estos momentos. Un exceso de pensamiento o hiperreflexividad puede incluso llevarte a distorsionar la realidad ya que si le das muchas vueltas a las cosas éstas pierden su forma original.

• Ni rebobines ni anticipes

Si te vas mucho al pasado o te anticipas al futuro te olvidas de vivir el momento presente. Baja de las nubes y de la «neurótica máquina del tiempo» (¿*Vives o sobrevives?*, 2016), y aterriza en el mundo real, que es el que está ocurriendo frente a ti en este preciso instante. No te duermas porque mañana quizás sea tarde.

- **Conéctate**

A lo que sientes hoy, a pesar de que sea desagradable. No te centres en cuándo dejarás de sentirte así de mal ni te niegues que estás sintiendo dolor o tristeza, conecta con tus emociones y aprende el mensaje o la lección vital que te pueden aportar en este momento. Tienen su razón de ser, sin ningún género de dudas, por eso están presentes.

- *Il dolce far niente*

Bonita frase italiana que podría traducirse como «Lo dulce de no hacer nada». De eso se trata: para, descansa y no hagas nada. De vez en cuando ponte en modo pausa, simplemente observa y disfruta de lo que está ocurriendo en ese momento a tu alrededor, sin hacer nada más. Si crees que es una pérdida de tiempo seguro que es porque lo necesitas con urgencia. Cuando lo hagas, descargarás todas las tensiones acumuladas, recargarás las pilas y serás plenamente consciente de tu mente presente. ¿A qué estás esperando? Todo son ventajas.

¿QUIÉN SOY? ¿QUÉ QUIERO Y QUÉ NO QUIERO?

¿Te lo preguntas con frecuencia o, mejor aún, te lo has preguntado alguna vez? Cuando alguien nos pregunta quiénes somos solemos responder de acuerdo con nuestra profesión: «Soy cajero en un supermercado», «Soy abogada» o «Soy jardinero»; hay quien alude a su lugar de origen: «Soy alemana» o «Soy español»; y hay quien incluso (en este caso creo que la mayoría) responde algo así como: «¿Que quién soy?», «¿Quieres decir que qué hago?», «¿Te refieres a de dónde vengo?». Hay una gran diferencia entre *ser, estar* y *hacer*. Solemos definirnos más según lo que hacemos que por lo que pensamos o lo que sentimos, y recuerdo aquí las acertadas palabras de Goethe cuando afirmaba: «Uno tiene que ser algo para poder hacer algo». La pregunta «¿Quién eres?» va en esta dirección: ¿Te conoces?

El autoconocimiento es quizás el pilar fundamental para dirigirnos hacia el bienestar emocional; difícilmente podrás estar en paz contigo mismo o mantener cierta coherencia interna sin saber quién eres. Es uno de los componentes básicos de la Inteligencia Emocional y, en palabras de Daniel Goleman, puede definirse como la «identificación de tus pensamientos, tus emociones y tus propias fortalezas para notar y percibir su influencia sobre cada una de tus acciones y decisiones», lo que incluye:

1. Conciencia emocional
Significa conocer tus emociones y los efectos que éstas tienen sobre ti. Saber cómo actúas y qué tipo de decisiones tomas cuando estás triste, cuando estás enfadado o, por el contrario, cuando estás plenamente eufórico es absolutamente necesario para tener cierta conciencia acerca de la influencia de tus emociones sobre tu comportamiento, así como para elegir las estrategias adecuadas para regularlas y, en consecuencia, ejercer un buen autocontrol emocional, que no represión o negación.

2. Valoración adecuada de ti mismo

Hace referencia al conocimiento de tus puntos fuertes y de los menos fuertes. Es necesario saber hasta dónde puedes llegar y cuáles son tus limitaciones para hacer una valoración realista de las herramientas que hay en tu caja. Una infravaloración o valoración negativa acerca de ti mismo muchas veces te impedirá ponerte en acción y te perderás grandes oportunidades. En alguna que otra ocasión te habrás sentido mal contigo mismo, culpándote o comparándote con los demás por no alcanzar los objetivos, llegando a la conclusión equivocada de que eres menos que los otros cuando en realidad el error fue no haber hecho una valoración real de tus recursos. Por otro lado, una sobrevaloración de ti mismo o creerte más que nadie te conduce a un exceso de confianza, a no prever posibles dificultades y a fracasar en cada uno de los intentos porque tus expectativas distaban mucho de la realidad.

3. Confianza en ti mismo

Cree en ti, ten seguridad en tus propias capacidades y confía en ti mismo. Eres la única persona en el mundo que te acompaña las veinticuatro horas del día los trescientos sesenta y cinco días del año; mal vamos si no confías en quien te acompaña durante tanto tiempo y de quien no te puedes separar jamás. Vale más que le des un voto de confianza, que creas en esa persona y que no boicotees sus intentos de acción. La desconfianza suele ser el origen de muchos males. Imagínate todo lo que puede ocurrir si tú eres emisor y receptor al mismo tiempo de ese recelo.

Claves para conocerte mejor

• **Obsérvate**

En muchas ocasiones centramos nuestra atención en el exterior, en los demás, en lo que ocurre a nuestro alrededor, sin girar el objetivo de la cámara y observarnos a nosotros mismos. Observarse a uno mismo implica capacidad de autocrítica, flexibilidad a la hora de aceptar los propios errores y aceptación de la responsabilidad de tus actos.

• **Examínate de vez en cuando**

Será muy bueno que te plantees ciertas cuestiones para profundizar en tu autoconocimiento. Es importante que pares y respondas a preguntas del tipo: ¿En qué soy bueno?, ¿Qué es importante para mí?, ¿Cuáles son mis prioridades en la vida?, ¿Qué tipo de pensamientos me hacen sentir bien?, ¿En qué ocasiones pierdo los nervios?, ¿Qué hago cuándo estoy triste?, etc. Toma lápiz y papel e intenta responder a cada una de ellas. Actúa en consecuencia y de vez en cuando revisa lo que has escrito por si hay cambios y debes adaptarte a la nueva situación.

• **No hagas trampas**

Si te autoengañas sólo conseguirás alejarte de quien eres realmente, construirás una falsa versión de tu persona. Quizás buscas cierto alivio momentáneo o aparentar algo que no eres para agradar a los demás. A la larga, tienes sufrimiento asegurado pues, en vez de afrontar las cosas y tener una visión ajustada de la realidad, no has hecho más que montarte una película con un mal guion. Aunque de entrada te dé cierta seguridad, piensa que a largo plazo no harás más que angustiarte y perder el control sobre ti mismo.

• **Lo que de verdad importa**

Los pilares que sustentan tu yo son tus valores. Desconocerlos puede hacer que la estructura sea muy vulnerable o corra peligro de derrumbe. No saber qué es lo importante para ti es no tener una orientación clara hacia dónde quieres ir y qué es lo que quieres. Los valores te dan coherencia y una dirección, ya que unen lo que realmente deseas, lo que piensas y lo que sientes con las decisiones que vas tomando en tu día a día; son los que te motivan y te orientan hacia el cambio. Una de las principales fuentes de malestar es la incoherencia interna, el no actuar según estos pilares fundamentales que son los valores. Lo que haces te retrata, refleja quién eres, y debe haber una consonancia porque como decía Aristóteles: «No actuamos correctamente porque tenemos virtud o excelencia, sino que las tenemos porque hemos actuado correctamente».

Yo ..., me comprometo a ...

Es imprescindible que tus acciones o la dirección que decidas tomar en tu vida vayan orquestadas por tus propios valores, más que por el juicio ajeno, las imposiciones de los demás o las presiones externas. Conocerte y aceptarte son los pasos iniciales, pero no son suficientes si no van acompañados de un compromiso contigo mismo para orientarte hacia el cambio y tomar las decisiones adecuadas porque van en consonancia con lo que realmente es significativo para ti.

Cuando te comprometes contigo mismo te encaminas a solucionar todas esas situaciones difíciles que te irás encontrando a lo largo de tu vida. No te quedas como un mero espectador pasivo, sino que reaccionas ante la adversidad, coges el timón y diriges la nave hacia la dirección que consideras más adecuada: los valores te harán de brújula. Si te comprometes confías en ti mismo, te respetas y te reiteras en aquello que es realmente importante para ti, aquí no valen el autoengaño ni el desconocimiento personal: es una especie de contrato que firmas, y sabes que eso debe ser auténtico y tener cierta validez para que pueda ser efectivo.

Claves para adquirir compromisos y orientarte hacia el cambio

- **Duda, pero actúa**
  La falta de confianza, el miedo a poner en práctica ciertas acciones o el temor al cambio te pueden desviar del

compromiso que debes adquirir contigo mismo. Asume que es normal tener miedo, de hecho es necesario, pero no dejes que la incertidumbre tome las riendas y te impida ponerte en marcha. Adquiere un compromiso desde la comprensión y aceptación de tus propios pensamientos y emociones.

• Sé inconformista

No asumas lo que te venga, sobre todo lo que menos te guste, con resignación y con la cabeza gacha. No te conformes con lo que no está en tu lista de la compra vital. Hablo de un inconformismo activo, dirigido a la acción; no de la queja constante y continua acerca de los obstáculos que te encuentras en el camino. Habrá momentos en que dar un buen golpe en la mesa será altamente productivo, sólo tienes que procurar no herirte ni herir a los demás, pero una pataleta oportuna me parece un buen precursor del cambio. Sólo desde el sentimiento de injusticia e indignación se han activado los movimientos que han hecho cambiar el mundo para mejor. Si no te gusta, no te conformes.

• Empatiza, empatiza, empatiza

La ausencia de empatía es la gran lacra de nuestra sociedad actual. Empatiza con los demás por muy lejanas que sean sus realidades de la tuya, quizás algún día tengas que caminar con sus zapatos. Desde este punto de vista, el compromiso personal se amplía al compromiso social, donde tus acciones contribuyen a un beneficio común.

- **Vence la pereza**

Desde el sofá de tu casa se producen pocos cambios. Es el mejor lugar para echar una buena siesta el domingo, pero desde ahí adquieres pocos compromisos. Actuar implica tomar decisiones, y no es fácil hacerlo en ausencia de movimiento. «Levántate y anda», como dijo el artista italiano, porque sólo así podrás iniciar la puesta en marcha de acciones guiadas por tus propios valores, para sentirte conectado contigo mismo y con tu presente. La vagancia y el compromiso son enemigos acérrimos.

- **Haz realidad tus sueños**

Hazlos reales desde la perspectiva más realista posible, que sólo alcanzarás a través del autoconocimiento y de una adecuada aceptación personal. Siempre lamentarás más todo aquello que no hiciste que lo que llevaste a cabo, aunque te saliera mal. El fracaso es fácilmente reversible, pero la frustración te ancla.

A estas alturas debes de estar preguntándote: «Pero ¿dónde están *Frozen*, el *Titanic* y esa camisa blanca?». La verdad es que creía necesario aclarar una serie de cuestiones antes de entrar en esta nomenclatura tan particular, cuyo objetivo es que al recordar más fácilmente sus nombres tengas en cuenta en qué momentos están presentes en tu vida. Me refiero a una estrategia muy efectiva, a una toma de conciencia y a un error que solemos cometer con demasiada frecuencia; en otras palabras: suelta lastre y deja ir ciertas cosas, conoce muy bien tu línea de flotación y no dejes que una mancha te amargue el día.

ESTRATEGIA «FROZEN»

¡Suéltalo! ¡Suéltalo! No lo puedo ya retener.
¡Suéltalo! ¡Suéltalo! Ya no hay nada que perder.
Qué más da, ya se descubrió, déjalo escapar.
El frío a mí nunca me molestó.
Desde la distancia qué pequeño todo es.
El temor que me aferraba no me va a hacer volver.
Soy libre y ahora intentaré sobrepasar los límites.
Ya no hay más reglas para mí, ¡por fin!

«¡Suéltalo», *Frozen: El reino del hielo* (2013),
Walt Disney Records

Puedes cantarla mientras la lees si quieres, yo lo he hecho mientras la escribía. El mensaje que se esconde tras *Frozen: El reino del hielo* (Chris Buck, 2013) es altamente liberador: es una oda a la libertad personal, a la proclamación de uno mismo sin ataduras, sin esconder nada y aceptándose tal como se es. En la película, la pobre Elsa se avergüenza de tener el poder de convertir en hielo todo lo que toca, hasta el punto de huir sola para no tener contacto con ningún otro ser humano, ni siquiera con los que más ama, entre ellos su hermana pequeña, Anna. Es precisamente ésta quien va a rescatarla porque la quiere tal como es, algo que Elsa necesita saber y practicar con ella misma. No esperes que nadie vaya a rescatarte, hazlo tú.

En tu vida, querido lector, vas a tener que marcarte un «Frozen» cada vez que tú o los demás te hayan puesto corsés demasiado apretados, hasta el punto de sentirte asfixiado y sin aire para seguir respirando. Soltar y dejar ir es una estrategia de lo más efectiva.

Tienes que soltar lastre, tira las piedras de tu mochila, ya sean pensamientos, situaciones o personas. Suelta todo lo que te frena y no te deja avanzar. Te has creído algunas cosas que no son ciertas o te las han hecho creer. Eso sólo te impide que te dirijas hacia donde quieres llegar y que expreses libremente quién eres de verdad. De hecho, a la pobre Elsa le encanta el frío, ¿por qué debe esconderse y renunciar a su propia naturaleza? Haz lo mismo que ella: suelta y deja ir. El primer paso es asimilar tu realidad tal como es, y has de saber que, en ocasiones, no se podrá cambiar, por mucho que te empeñes y te dejes la piel en el intento. Será una auténtica pérdida de tiempo y un desgaste físico y emocional demasiado elevado.

Si hay algo o alguien que te resta, bórralo de tu ecuación; si un zapato te aprieta es que no es de tu talla, y si te estás ahogando necesitas coger aire. Soltar y despedirse duele, pero retener lo que nos daña mata. Soltar y dejar ir lo que nos quita energía es muy beneficioso, pero, como en todo, también hay que practicar la otra cara de la moneda: retener, cuidar y conservar aquello que realmente merece la pena en vez de salir corriendo ante la mínima adversidad.

TITANIC: TOCADO Y HUNDIDO

Decían de él que jamás podría hundirse y lo hizo en 1912, nada más y nada menos que en su viaje inaugural, la noche del 14 al 15 de abril. Tenía un punto débil a pesar de su colosal aspecto y envergadura, y tuvo la mala suerte de chocar contra un iceberg que fue a dar justamente en la línea de flotación. Todo esto, unido a que no contaba con la tecnología actual para el avistamiento de icebergs, el caso omiso al aviso de otros buques y el hecho de que contaba con veinte botes salvavidas cuando podría albergar hasta sesenta y cuatro, hizo que se produjera la gran tragedia que se cobró 1.513 vidas.

Pues somos como el *Titanic*. Tienes una línea de flotación, un punto débil o más de uno en tu casco que, en caso de colisión, puede hacer que te hundas sin remedio en mitad del océano. Quizás habrían podido reforzar esa zona para soportar el impacto de un iceberg, quizás habrían cambiado el rumbo de disponer de tecnología que avisara con suficiente antelación de los bloques de hielo flotante, quizás deberían haber estado más atentos a los avisos de otros busques que a la noche de fiesta y, sin duda alguna, se habrían evitado tantas muertes si los botes salvavidas hubieran sido los necesarios. No hagas tú lo mismo.

Prepárate para el viaje porque puede que tengas que sortear más de un obstáculo. Para ello será necesario que conozcas las partes más vulnerables de ti y que las refuerces; sé franco y sincero contigo mismo, no quieras aparentar una gran fortaleza si sabes que hay puntos vulnerables en ti, y así debe ser porque eres humano. Ahora bien, equípate psicológicamente de la mejor manera posible, como hemos visto en líneas anteriores, y pide ayuda si hace falta. No te creas insumergible, no lo eres. Un exceso de confianza puede conducirte a una auténtica catástrofe. Tampoco hagas de iceberg si conoces la línea de flotación de los demás. No des donde más duele, por muy enfadado o decepcionado que puedas estar.

Y llegado el caso de que el barco se hunda de modo irremediable y no puedas cambiar lo que ocurre a tu alrededor, lo mejor que puedes hacer es lo que hicieron los músicos del *Titanic*: toca hasta el final; aunque habría sido preferible volver a escucharlos en una segunda, tercera y vete a saber cuántas travesías más por el océano, ¿no crees? Refuerza tu casco y pon botes salvavidas, que puntos débiles tenemos todos.

El síndrome de la camisa blanca

Una tarde decides comprarte una hermosa camisa blanca, impoluta e inmaculada; te despiertas al día siguiente con ganas de estrenarla y así lo haces. Te sientes bien, siempre nos gusta estrenar algo o darnos pequeños caprichos. «Hoy será un buen día», te dices. De camino a tu trabajo decides pararte en esa cafetería que tanto te gusta y te pides un café. Lo saboreas lentamente apurando los minutos antes de incorporarte a tu actividad diaria cuando de pronto... ¡cae una gota en tu reluciente camisa blanca recién estrenada! No es muy grande, pero es una mancha marrón en medio del blanco nuclear de tu camisa nueva. Casi de inmediato y sin poder evitarlo, sueltas un exabrupto y te dices: «Vaya día me espera... Mira que tengo mala suerte. ¿Por qué me ha tenido que pasar esto a mí? Se me ha torcido el día entero, con lo contento que estaba». Ahí empieza el gran error, y no reside precisamente en el hecho de que te hayas manchado. Te equivocas en cómo procesas los acontecimientos.

Sirva el ejemplo de la preciosa y blanquísima camisa para darte cuenta de la cantidad de precisiones erróneas que hacemos en nuestro día a día:

1. Visión de túnel

Es una trampa de tu mente que hace que te centres sólo en los aspectos negativos, por pequeños que sean, obviando el resto de la información. A ver, la camisa sigue siendo blanca; sólo tiene una mancha que además se puede lavar. Hay ocasiones en tu vida en las que tu atención selectiva en el aspecto negativo es tan perturbadora que no tienes en cuenta el resto de los hechos agradables o solucionables que hay a tu alrededor. Incluso me atrevería a decir que empieza a preocuparte que los demás vean *la mancha*, por si piensan que «eres un descuidado» y vete a saber tú qué más. Pero es una mancha, sólo eso. ¿Acaso vas a tirar la camisa a la basura? Estoy segura de que no. Pues del mismo modo, no deseches toda una realidad porque hay algo de ella que no te gusta.

2. Todo o nada

Si manchamos con una gota de tinta negra un tanque de mil litros de agua cristalina ¿se echará a perder todo el líquido o se diluirá? Pues eso es lo que te ocurre con alguna *mancha diaria*. No hagas que una gota de café te amargue el día, ésta se diluirá con la cantidad de cosas buenas que te van a ocurrir y, además, cuando llegues a la oficina o a tu casa puedes intentar quitarla y lavarla, ¿no? Ofuscarte, centrarte en lo negativo y no ver más allá se convertirán en una auténtica profecía que hará realidad la sentencia de que el día va a ser un desastre, y realmente lo será, pero no por culpa de la mancha, sino porque con tu actitud frente al pequeño inconveniente has hecho que así sea.

3. «¿Por qué a mí? Si es que tengo mala suerte...»

¿Y por qué no a ti? La gente se mancha con café y hace frente día a día a pequeñas, y no tan pequeñas, dificultades. Centrarte en el *porqué* te aleja de la solución, mejor llegar al siguiente planteamiento: «Me ha pasado a mí, ¿qué puedo hacer?», que te conduce sin duda hacia la acción. Luego está la cuestión de la suerte, de la mala suerte en este caso. La fortuna o la mala fortuna tendría sentido si hablásemos de juegos de azar; en la vida real sólo hay responsabilidad o irresponsabilidad en tus actos. ¿Es mala suerte mancharte o podrías haber ido con un poco más de cuidado? Si crees que estás gafado, lo acabarás estando porque no asumirás la responsabilidad de lo que hagas, considerarás que es una cuestión de azar y con eso el margen de error se amplía.

Llegados a este punto y antes de finalizar este capítulo, vamos a completar el ejercicio que te planteaba al inicio:

PREGUNTAS PARA LA REFLEXIÓN II

3. ¿QUÉ PODRÍA HACER YO PARA CAMBIAR LAS SITUACIO-NES QUE NO ME GUSTAN?

4. ¿QUÉ ME LO IMPIDE?

Revisa tus respuestas y céntrate sobre todo en estas dos últimas preguntas. Sólo así podrás hacer una radiografía actualizada de lo está en tu mano para orientarte hacia el cambio y comprometerte contigo mismo, y a la vez reconocerás los obstáculos que hay en tu camino que impiden que muchos de tus sueños y tus objetivos no se estén cumpliendo a día de hoy.

¿Necesitas cantar como Frozen «Suéltalo» a pleno pulmón?

¡Hazlo!

¿Ves un iceberg en el horizonte?

¡Cambia el rumbo!

¿Te estás amargando el día porque se te ha manchado la camisa?

¡Métela en la lavadora o cómprate otra!

Pero por encima de todas las cosas:

ACÉPTATE, REVISA TUS VALORES, ADQUIERE
UN COMPROMISO, NO PIENSES TANTO,
DE VEZ EN CUANDO NO HAGAS NADA
Y RECUERDA QUE ESTÁS VIVO.

PSICO-PÍLDORAS

«SI NO TIENES LA LIBERTAD INTERIOR, ¿QUÉ OTRA LIBERTAD ESPERAS PODER TENER?»

ARTURO GRAF

- CUANDO ACEPTAS, AVANZAS. CUANDO TE RESISTES, RETROCEDES

- SI SABES QUIÉN ERES ES MÁS FÁCIL CONSEGUIR LO QUE QUIERES

- SÓLO SE DESPEGA CUANDO SE SUELTA LASTRE

- SI TE APRIETA EL ZAPATO, NO ES PARA TI

- CUANDO TE MANCHES, HAZ LA COLADA

- NO HAY ÉXITO SIN COMPROMISO

8

Al borde de un ataque de nervios

En el mundo hay más de 260 millones de personas que están sufriendo ansiedad en estos momentos, según datos de la OMS en 2017. Se estima que la población de nuestro planeta ronda los 6.000 millones de personas, por lo que hablaríamos de una incidencia de casi el 5 %. Y, desgraciadamente, las cifras se van incrementando año tras año.

En España son 2,4 millones de personas, un 5,2 % de todos los españoles. No en vano, en septiembre de 2017, *El País* publicaba un artículo de David López Canales titulado «La España del Trankimazin: la ansiedad es la última epidemia»:

> El problema es cuando no asociamos la ansiedad con ese mecanismo de reacción. Cuando se prolonga en el tiempo sin que exista una amenaza real y se convierte en patología. Hoy sabemos que hay personas con mayor predisposición a sufrirla por cuestiones genéticas. También que el entorno social puede provocarla. Y por supuesto, la vida de cada uno. Pero durante los últimos años la ansie-

dad ha trascendido la puerta de las consultas médicas hasta convertirse en una epidemia social.

Nunca antes había habido tantos episodios de ansiedad, tan visibles ni de los que se hablase tanto. En España somos líderes en consumo de ansiolíticos: al menos una de cada diez personas sufre estos síntomas, según la OMS. De acuerdo con las últimas encuestas, **la ansiedad ya es el problema mental más citado por los españoles**. Y no sólo es un motivo de preocupación sanitaria: este mal —y sus consecuencias— nos cuesta el 2 % del PIB anual.

Todavía recuerdo la primera vez que la sentí, no se me olvidará jamás. Tenía diecinueve años e iba en el metro, de camino a la facultad de Psicología de Barcelona. Me acompañaba mi gran amiga Sandra, quien a día de hoy tengo la suerte de que siga a mi lado. Empecé a encontrarme mal, me mareaba, sentía hormigueo en las extremidades superiores, me sudaban las manos, me costaba respirar, mi cuerpo empezó a temblar, tenía la sensación de que el corazón se me iba a salir por la boca y apenas podía articular palabra. De repente sólo pensé una cosa: «Me estoy muriendo». Sandra lo notó, le conté entre lágrimas que me encontraba fatal, que me moría. No dijo nada, pero ese primer gesto que tuvo no lo olvidaré jamás: me cogió de la mano, acarició mi rostro y me dijo: «Tranquila, estoy aquí contigo y no te va a pasar nada». Me sentí segura y a salvo en ese instante, pero días después empezó un calvario que se acabó convirtiendo en un Trastorno de Ansiedad Generalizada con crisis de pánico.

Cuando acudí a mi médico para contarle lo que me había ocurrido, estaba convencida de que me diagnosticaría alguna enfermedad mortal o un tumor cerebral, por supuesto maligno, que explicara todo lo sucedido. Menos mal que no existía el Dr. Google, porque yo misma me habría dado dos días de vida. Déjame que te diga que la sensación de desamparo total y absoluto, la creencia de que te vas a morir, el pánico indescriptible que te sacude de la cabeza a los pies y el no saber qué está ocurriendo es algo que sólo puede llegar a entender quien ha sufrido un ataque de pánico en toda regla. Es horrible, desesperante, agotador e incapacitante. Sientes todo el miedo que no has sentido jamás, en una sola dosis, de repente y sin motivo aparente, pero te aseguro que no es peligroso ni mortal, esto es algo que aprendí tiempo después de aquel primer episodio en el vagón de la línea 3 del metro de Barcelona. Durante mucho tiempo estuve pensando: «¿Por qué a mí?». Ahora, desde la distancia, estoy absolutamente convencida de que fue algo necesario en mi vida y muy enriquecedor.

Mi médico me hizo ciertas pruebas y a la semana siguiente me dio un diagnóstico: «Sònia, lo que sufriste fue un ataque de pánico. Es ansiedad». Lo primero que me vino a la cabeza fue que los resultados de las pruebas estaban equivocados; era imposible que lo que había estudiado en la facultad de Psicología cuando me hablaban de ansiedad fuera eso. La respuesta fisiológica que sufrí era signo inequívoco de enfermedad física y no mental; además, yo iba a ser psicóloga, ¿cómo iba yo a tener ansiedad? Me recetó unos ansiolíticos y me citó para el mes siguiente.

Para no alargarme mucho, te contaré que pedí varias pruebas más a diferentes profesionales y todas coincidían en el diagnóstico: ansiedad con ataques de pánico. A todo esto, durante los días siguientes al primer ataque viví presa del pánico, temiendo que se volviera a repetir el episodio, por lo que evitaba ir en metro y salir mucho de casa, por si me «daba el ataque». Pasé mucho tiempo luchando contra mí misma, no aceptando lo ocurrido y negando una y otra vez lo que me estaba sucediendo. Finalmente, alguien me dijo: «Hasta que no aceptes lo que está ocurriendo no podrás hacerle frente». No recuerdo su nombre, pero era un agradable doctor que me atendió en urgencias en uno de los episodios posteriores de pánico.

Ahí empecé a hacer frente a la ansiedad, y a día de hoy no te negaré que hay ocasiones en que asoma la cabeza, pero ya sabe que quien lleva el mando soy yo. Somos viejas conocidas; es como si fuera mi mascota, a la que aprecio y agradezco muchas cosas, pero tengo muy claro que cuando quiera salir a la calle a pasear, la correa la pongo yo y soy yo quien la pasea, no al revés. Parece que al cabo de los años lo ha acabado entendiendo.

ANSIEDAD, DIVINO TESORO

Bueno, a ver, que quizás me he venido arriba con el título de este apartado. Lo he escogido porque la ansiedad puede llegar a ser un gran movilizador para el cambio, pero no te voy a negar que padecerla no es nada agradable: puede llegar a condicionar tu día a día, se sufre mucho, es altamente incapacitante si sus niveles se disparan y, no nos vamos a engañar, es mucho mejor vivir sin un trastorno de ansiedad; pero la ansiedad en su justa medida y en la situación adecuada es absolutamente necesaria. Una vez que ha aparecido en tu vida, es como una alarma que te avisa de que hay algo que no funciona, de que tienes que aprender a gestionarla, de que quizás debas cambiar algo a tu alrededor o dentro de ti, de que es muy probable que tu manera de gestionar la información sea errónea; en definitiva, de que te pongas en marcha. Es como un dolor de muelas horroroso que requiere de tu intervención para que te movilices, pidas hora en tu dentista y pongas remedio. En caso contrario, te lo va a complicar todo, y mucho. El dolor no se irá solo si asumes el papel de mero espectador. Es más, la «infección» se irá agravando y, si bien es cierto que los analgésicos te calmarán el dolor, llegará un punto en el que deberás aumentar la dosis o bien tomar antibiótico para acabar con el origen de tanto dolor, no te va a quedar otra. La ansiedad funciona más o menos igual; podemos enmascararla, disiparla y calmarla con ansiolíticos (necesarios en algunas ocasiones, no siempre), pero es imprescindible ir al foco de la «infección». Como te decía en el segundo capítulo, la vida no se medica; o, al menos, no debe medicarse siempre.

Nuestro organismo es una máquina de alta precisión y toda señal anómala que podamos percibir nos indica que hay que revisar su funcionamiento. Ante todo, decirte que en cuanto notes cualquier dolencia o síntoma nuevo acudas a un médico para contar con un diagnóstico y así descartar cualquier enfermedad de origen físico. Una vez descartada una etiología orgánica de las señales que te manda tu cuerpo, es cuando deberás iniciar un trabajo psicoterapéutico, y te recomiendo que te pongas en manos de un buen profesional de la salud mental.

La ansiedad es ante todo un mecanismo defensivo, es nuestra alarma personal que se enciende ante las diferentes situaciones adversas a las que debemos hacer frente. Vivir sin este mecanismo nos pondría en serio peligro e incluso podría llevar a la extinción de la especie. Imagínate si nuestros antepasados no se hubieran puesto en alerta cuando divisaban algún animal peligroso acercándose a su poblado. Si hubieran seguido tranquilamente con sus quehaceres sin inmutarse ni activarse, te aseguro que ni yo estaría escribiendo estas líneas ni tú las estarías leyendo, seríamos una especie extinguida.

La ansiedad tiene una función fundamental: la de movilizarte para que te pongas en acción de la forma más adecuada ante la demanda del entorno: huir, atacar, aceptar, adaptarte, etc. Por eso la ansiedad es una gran aliada, es quizás nuestra mejor amiga si el peligro ante el cual se activa es real, si la amenaza existe; cosa muy distinta es si se activa sin un motivo suficientemente peligroso para nosotros. Me explico, hace falta que te actives si ves un tigre a tres metros de ti, esa alteración puede salvarte la vida. Ahora bien, no es funcional ni adaptativo si se activa por el simple hecho de imaginar que al final del pasillo de tu casa puede que haya un tigre cuando realmente no lo hay. Ahí la ansiedad te incapacita, te bloquea y, en lugar de ayudarte, te amarga, convenciéndote de que existe una situación altamente peligrosa cuando en realidad eso no es cierto, pero como existe en tu mente le acabas dando total y absoluta credibilidad: la maldita tormenta en tu cabeza.

Este tipo de ansiedad es la que te hace vivir en un estado permanente de alerta, agotando todos tus recursos. No es una ansiedad sana sino todo lo contrario, es aquí cuando se convierte en patológica. Vivir constantemente en estado de alerta significa que anticipas peligros que no existen o que todavía no existen; en todo caso, la activación no te ayuda a hacer frente a las demandas de tu entorno porque quizás no hay tales demandas, pero tu organismo vive como si las hubiera.

La ansiedad se manifiesta en tres niveles:

1. Nivel físico: La ansiedad ahoga y duele

Es el más evidente y el que más notarás; quizás sea el más desagradable de todos ya que la activación cobra fuerza en tu propio cuerpo, con síntomas altamente molestos y muy alarmantes para quien los sufre. Estos síntomas pueden resultar muy incapacitantes, y además, en ausencia de un diagnóstico «físico» que los explique, no es fácil asumir que nuestra propia mente pueda tener tanto poder. Los más comunes son:

- Aumento del ritmo cardíaco, taquicardia
- Sudoración excesiva
- Mareos, vértigo

- Sensación de debilidad
- Trastornos visuales: visión borrosa, visión de túnel
- Trastornos digestivos e intestinales
- Cefalea por tensión
- Contracturas musculares
- Dificultad para respirar...

Son muy desagradables y molestos. Además, puede que te asustes porque pienses que estás gravemente enfermo, cosa que no hace más que alimentar tu ansiedad, que a su vez mantendrá o incrementará la sintomatología física. Un maldito círculo vicioso en el que te puedes ver atrapado creyendo erróneamente dos cosas: primero, que los síntomas son señales inequívocas de una enfermedad física grave y que estás en peligro de muerte inminente, y segundo, que no puedes hacer nada para controlarlo. Déjame que te diga algo: los síntomas físicos de un trastorno de ansiedad no son signo de nada grave, físicamente hablando estás sano, pero necesitas modificar tu funcionamiento mental y aprender a relajarte; y por supuesto que no vas a estar toda la vida igual. Basta con que aceptes lo que te ocurre, que aprendas a escuchar a tu cuerpo y que asimiles las señales no como un peligro sino más bien como la activación necesaria para que realices ciertos cambios en tu vida. A esto me refiero cuando te hablo de la ansiedad como un «divino tesoro». Puede llegar a ser un buen punto de inflexión necesario para llegar a sentir bienestar emocional. De la misma manera que la fiebre te indica que algo no funciona y que debes ponerte en marcha para bajarla o buscar su origen, en ocasiones debemos rompernos para reconstruirnos de nuevo en una mejor versión de nosotros mismos. En este sentido la ansiedad cumple una función útil, te está diciendo: «Oye, tú, si no haces algo te seguiré fastidiando».

2. Nivel cognitivo: La ansiedad agobia y amarga

En este nivel se manifiesta todo lo que piensas y procesas o, mejor dicho, cómo lo haces. Cuando sufres ansiedad, su origen suele estar en la manera en que analizas lo que ocurre a tu alrededor. La emoción subyacente siempre es el *miedo*, no es un miedo específico a algo (sí lo es en el caso de las fobias); de hecho, es un miedo generalizado: da miedo la vida y da miedo el miedo. Como vives preso de esta emoción, tu mente no hace más que anticipar continuamente con la terrible pregunta «¿Y si...?», como te contaba en mi libro *¿Vives o sobrevives?* (2016). «Ysilandia» lo llamábamos:

Leí en una ocasión que la mayoría de las cosas por las que nos preocupamos nunca ocurren, pero, a pesar de esta afirmación tan cierta, insistimos en generarnos inquietud y nerviosismo, sufriendo inútilmente, porque creemos que así, cuando llegue esa no realidad (porque ni ha ocurrido ni tenemos la certeza de que vaya a ocurrir), estaremos preparados. No es una buena preparación, más bien es una auténtica pérdida de tiempo.

Céntrate en lo que está ocurriendo, no en lo que crees que puede llegar a ocurrir, y revisa tu forma de analizar la realidad. Ciertas distorsiones pueden llevarte a un estado mental de continua alerta, anticipando peligros inexistentes y poniendo la maquinaria física en marcha cuando no es necesario que lo hagas. Si sobrecargas tu cerebro, éste se rebelará con las siguientes manifestaciones:

- Pérdida de memoria
- Dificultades de concentración
- Pensamientos intrusivos negativos constantes
- Preocupación permanente
- Embotamiento
- Indecisión...

Tendrás la sensación de que cuando no te preocupa una cosa te preocupa otra, como si no pudiera haber paz en tu cabeza. Pues te voy a decir algo, y no te lo tomes a mal: estás siendo muy egoísta. Sólo piensas en ti, en lo que te puede pasar, en todos los peligros que te acechan, en que vas a hacerlo todo mal, en que no te aceptarán, en que los demás verán «lo mal que estoy» y un sinfín de pensamientos más centrados única y exclusivamente en tu propia persona. Reparte un poco, ¿no? No eres el ombligo del mundo, no todo gira a tu alrededor. Quizás te convendría dejar de ser tu propio foco de atención, aprender a analizar las cosas desde otro punto de vista y simplemente parar. Parar y observar a tu alrededor para que veas todo lo que te estás perdiendo en vez de observarte tanto a ti mismo. El mundo es un lugar mucho menos peligroso de lo que tu mente te quiere hacer creer. No te hagas tanto caso.

3. Nivel conductual: La ansiedad inmoviliza

Está claro que si tu mente no para de hervir y tu cuerpo ya empieza a emitir señales de activación excesiva e innecesaria, tu conducta se verá afectada. Eres como un engranaje en el que pensamiento, emoción y conducta van de la manita. La ansiedad hará que cambies tu manera de interactuar con el mundo que te rodea y con los demás, y puede derivar en esos comportamientos:

- Tendencia al aislamiento
- Susceptibilidad
- Actitud hipercrítica
- Errores frecuentes
- Incremento o inicio de consumo de ciertas sustancias: alcohol, tabaco, drogas o psicofármacos
- Deterioro de las relaciones sociales y afectivas...

Te acobarda, te aísla, te dice que donde mejor estás es en casa porque fuera te están esperando todos los peligros posibles, te hace perder el apetito o, por el contrario, comes compulsivamente para calmar tu angustia, consumes ciertas sustancias para esconder y mitigar la sintomatología... Cuando llegas a estos niveles es el momento de reaccionar. La ansiedad se ha apoderado de ti y te está impidiendo disfrutar de tu propia vida. Decides esconderte, te enfadas con el mundo porque nadie te entiende o, peor aún, todos te culpan y te hacen responsable de tu propio estado. No seas prisionero de la ansiedad, ve a buscar las llaves que puedan abrir esa celda.

El Monstruo de las Galletas

Si la ansiedad fuera el Monstruo de las Galletas te aseguro que sus preferidas se llamarían «evitación». Es lo que más lo alimenta, no hay nada más apetecible para semejante criatura. Y ahí está la gran trampa: «Evito porque así no sufro», y volvemos al punto de partida de este libro: la negación de las emociones, sobre todo cuando son desagradables. Dándole esas galletas no haces más que cronificar el problema y agrandarlo, lo cebas.

Recuerdo el pánico que suponía para mí coger un avión hace años. Sólo de pensar que tenía un vuelo ya ni dormía la noche anterior. Encontré una solución infalible: no volar. Infalible porque ciertamente el miedo desaparecía: si no hay avión, no hay miedo al avión, ¿no? Pues te aseguro que es un gran error. Siempre digo que mi antigua afirmación «Me da pánico volar» ha sido sustituida por «No me gusta volar, pero lo hago», porque la verdad es que gustarme, no me gusta nada. Es decir, admito que no es santo de mi devoción, no voy a negar la realidad, pero tampoco voy a permitir que ese miedo me impida viajar, que es una de las cosas que más me gustan en este mundo. Me sudan las manos cuando el avión despega, me digo a mí misma:

«Mira, ya está aquí el Monstruo de las Galletas dando guerra», respiro pausadamente, me pongo música o una serie, pienso en todo lo que voy a hacer cuando llegue a mi destino, y te puedo asegurar que en más de una ocasión me he quedado frita hasta el aterrizaje. He aprendido a aceptar mis miedos y los síntomas con los que se manifiestan, pero las galletas en el avión me las como yo.

A veces no son las situaciones en sí las que te dan miedo, sino que es tu propia ansiedad la que lo genera: «¿Y si tengo un ataque de ansiedad en plena calle...?». Pues, según como se mire, será mejor que te ocurra en la calle donde siempre habrá alguien para poder atenderte que no en tu propia casa donde quizás estarás solo, ¿no? Es necesario que adquieras un buen control de tu ansiedad y te recomiendo la ayuda de un profesional que te enseñe a manejarla con técnicas de respiración adecuadas, con un replanteamiento de tus pensamientos, con una nueva forma de hacer frente a ciertas situaciones y con estrategias de afrontamiento; necesitarás una ITV en toda regla. Cuando eso sea posible, ten la seguridad de que, en caso de que la ansiedad se manifieste, jamás supondrá un peligro mortal para ti porque llevarás encima tu propio manual de supervivencia y tu caja de herramientas.

Si evitas, alimentas. Ésta es una verdad como un templo, pero tu mente, cuando sufres ansiedad, te hace creer justo lo contrario. Te dice que no salgas, que no te muevas, que no hagas nada porque no podrás hacer frente a la situación. ¿Te imaginas lo que supone eso para tu seguridad personal y tu autoestima? La evitación es una auténtica arma de destrucción masiva. No sufres porque no te enfrentas, pero incrementas tu sentimiento de inutilidad viviendo indefenso ante cualquier circunstancia. No tienes confianza en ti mismo ni en tus propios recursos y eso te deja totalmente desvalido, con una percepción de absoluta ineficacia personal. Coge la caja de galletas y tírala a la basura, no des más de comer a tu monstruo, a tu ansiedad.

Seguramente estarás pensando que es más fácil decirlo que hacerlo, y debo darte la razón: hacerlo no es fácil, pero imposible tampoco. Sólo hay un camino: enfrentarte en vez de huir, no queda otra. ¿Y cómo se hace eso? Pues haciendo las cosas con miedo, si es que éste ha hecho acto de presencia. Es algo así como: «Precisamente porque me da miedo salir, tendré que ponerme el abrigo». Si quieres superar la ansiedad no te queda más remedio. Evitar es morir poco a poco: dejas de vivir, dejas de hacer y, a largo plazo, dejas de ser.

Vigila mucho la evitación. En esta sociedad hedonista, educada en no aceptar el sufrimiento y rechazar todo lo que nos suponga cierto dolor o malestar, cada vez es más frecuente observar a personas que han hecho de la evitación su estrategia de funcionamiento vital. Es lo que los psicólogos llamamos Trastorno de Evitación Experiencial. Buena parte del sufrimiento que muchas personas soportan en su día a día se explica por no hacer frente a las situaciones que la vida les pone en su camino. Querer escapar siempre y a toda costa es mala inversión para tu bienestar emocional. Huye de la huida. Si vives en esta dinámica, empieza a sospechar si detectas algunas de las siguientes señales:

- Inviertes demasiado tiempo pensando en situaciones que hacen que te sientas mal o estés triste, o te sientes inundado por pensamientos recurrentes que te llevan a luchar por estar constantemente bien, libre de todo dolor y sufrimiento.
- No haces otra cosa que focalizar tu atención en evitar todo aquello que te pueda reportar malestar o sufrimiento. Vives sólo pendiente de cómo hacer o no hacer para no sufrir.
- No soportas el malestar, el sufrimiento, la incertidumbre, la duda. No puedes con ello y por eso tu mente te monopoliza en esa dirección.
- Sólo te ves capaz de hacer las cosas cuando tu estado de ánimo es positivo, cuando te sientes cargado de energía para hacer frente a todo lo que se presenta ante ti. En caso contrario, estar mal es el mejor razonamiento para no hacer. Eres de los que cree que es necesario estar bien para poder hacer las cosas. No caigas en esa trampa: justo cuando estás mal es cuando vas a tener que realizar más movimientos.

«¿POR QUÉ A MÍ?»

¿Y por qué no? Eres humano, tienes emociones, tienes un cerebro... No es nada raro que seas una víctima más de este molesto trastorno. Anclarte en esta pregunta te impide salir de ella, te fija todavía más. Si aun así necesitas una respuesta, debo decirte que hay ciertos factores de vulnerabilidad que pueden predisponer a sufrir ansiedad. Los estudios indican que existen ciertos genes que favorecen la aparición de la ansiedad, pero cuidado con determinar biológicamente este tipo de cuestiones y olvidar u obviar las que son tan sólo ambientales, experienciales, de aprendizaje o educacionales que tienen un peso fundamental en el desarrollo y la manifestación de la ansiedad.

Hay algunas características de personalidad y factores educacionales que pueden llevarte a ser más vulnerable que otras personas a sufrir trastornos de ansiedad:

- **Vivir en Ysilandia**
Si eres de los que constantemente se está planteando: «¿Y si me sale mal?, ¿Y si estoy enfermo?, ¿Y si no me aceptan?, ¿Y si no estoy a la altura?», y otras tantas preguntas por el estilo, ten por seguro que tu predisposición a la ansiedad, si no la tienes ya, se dispara exponencialmente. Vives en un estado permanente de alerta y anticipación, temiendo situaciones que sólo son reales en tu mente. No te engañes, con esta estrategia no te preparas para lo peor ni coges fuerza, más bien te debilitas antes de tiempo y sufres inútilmente. Para y piensa en todo lo que temes, primero para ver si tienes pruebas reales que lo fundamenten y segundo para darte cuenta de que, en caso de que ocurran, lo más probable es que tengas una solución para ello, y si no existe tal solución deberás aceptarlo. Con la anticipación, sufres antes y el doble.

ESTRATEGIA ÚTIL:
Céntrate en el hoy, espera a mañana
para ver qué ocurre.

• **Entre algodones**

Puede que hayas recibido una educación sobreprotectora o que en estos momentos seas un padre o una madre que proteja en exceso a su hijo. Cuidado: la sobreprotección puede originar trastornos de ansiedad en los niños. Mostrar preocupación constante, transmitir miedo y sufrimiento por casi todo y educar en la creencia de que el mundo es un lugar lleno de peligros genera tal inseguridad que la persona vive presa del miedo a que en cualquier momento le suceda algo malo. Tuve una paciente joven con trastorno de ansiedad de largo recorrido (según sus propias palabras, no recordaba haber vivido sin ella) que me contó que de pequeña jamás fue a una excursión con el colegio pues su madre tenía miedo de que el autocar se estrellara y murieran todos los niños. Jamás había pisado un parque de atracciones o un jardín con columpios por si se caía y se hacía daño, y fue con flotador a la playa y a la piscina hasta los dieciséis años por si se ahogaba. ¿Te imaginas vivir así? Obviamente todo eso hizo mella en la estabilidad emocional y psicológica de esa chica: tenía miedo a vivir, con la ansiedad que eso puede llegar a generar.

ESTRATEGIA ÚTIL:
Sé realista acerca de los peligros reales,
no imaginarios. Evita la evitación.

• **Complejo de Hamlet**
Dudar está bien, recuerda que es uno de tus derechos,
pero dudar siempre y de todo ya es otra cosa. No tener
seguridad acerca de casi nada te hace muy vulnerable,
te vuelve dependiente de la crítica y la opinión de los
demás, y eso destruye tu autoestima. «Ser o no ser»,
decía el personaje shakespeariano; «Hacer o no hacer»,
dices tú constantemente y te quedas en esa duda, sin
dar un paso adelante o atrás, no vaya a ser que las cosas
salgan mal o te quedes peor de lo que estás. Es un grave
error que predispone a sufrir ansiedad.

ESTRATEGIA ÚTIL:
Si dudas, hazlo con dudas: si sale bien,
disfrútalo; si sale mal, acéptalo y aprende.

• **Todo bajo control**
Si pretendes controlarlo todo te descontrolarás. El
autoengaño consiste en creer que de ese modo nada se
te escapará de las manos y no habrá imprevistos que
puedan alterar lo que tienes programado en tu mente o
tu agenda. Lo haces para estar más seguro, pero provoca el efecto contrario: como no puedes controlarlo todo
porque es imposible, te pones más nervioso, y al ponerte más nervioso intentas controlar de nuevo para estar

más tranquilo. No insistas, es perder el tiempo en algo inútil.

ESTRATEGIA ÚTIL:
Aprende a aceptar los imprevistos
y a tolerar la incertidumbre.

• **No cometer errores**
No sólo puedes cometer errores, es que tienes derecho a equivocarte. Sólo así podrás avanzar, por mucho que te moleste. Dicen que un error es una oportunidad, y es cierto. Y también lo es que preferirías otro tipo de oportunidad, no te lo voy a negar. Fastidia mucho, pero voy a decirte lo que me decían de pequeñita cuando me ponían agua oxigenada en las heridas: «Si pica, cura». Bien cierto en este caso.

ESTRATEGIA ÚTIL:
Sé flexible contigo mismo, acepta que tienes
derecho a equivocarte y que debes ejercer
ese derecho.

«Cálmate» (ojalá supiera cómo...)

Piensa en todas las veces que has estado al borde de un ataque de nervios, o ya en pleno ataque, y has tenido que oír que los que tenías alrededor te dijeran: «No te pongas nervioso», «Cálmate», «No pienses en eso», «No te preocupes por esa tontería» o «¿Ya estás otra vez así?». No hace falta que me digas cuánto te ha fastidiado y de qué poco te ha servido. Seguramente pensabas que no te comprendían, que no acababan de entender lo que te ocurría y que con esas indicaciones sólo conseguían hacerte sentir culpable y a la vez alimentar tu ansiedad. Si estás de acuerdo con esto, ¿por qué lo haces tú contigo mismo? No te gusta que te lo digan los demás, pero cuando tienes ansiedad tu voz interna te martillea siempre con lo mismo: «No estés así». Deberías contestarte algo como: «Mira, estoy nervioso y hay que aguantarse. No me va a pasar nada ni es peligroso para mí, simplemente es molesto. Es lo que hay. Pero voy a hacer todo lo posible para no alimentar más mi nerviosismo, así que cállate un rato porque no ayudas».

Si estás nervioso, para y respira. Tendrás decenas de pensamientos martilleantes en tu cabeza, una serie de mentiras que no deberías creer, pues alimentarán tu miedo para que sigas con ansiedad e incrementarán la intensidad de los síntomas físicos. Deja que tus pensamientos se expresen porque si intentas acallarlos cogerán el altavoz, pero no les hagas caso, no tienen razón. Aparecen porque estás nervioso y sientes miedo. Desde el miedo no deberíamos tomar decisiones importantes, así que no lo hagas en ese momento. Concéntrate en cómo coges aire y lo expulsas lentamente. Puedes pedir ayuda profesional para entrenarte en respiración profunda y técnicas de relajación, te serán mucho más útiles que intentar hacer callar tu voz interna o negar y silenciar tu ansiedad. La ansiedad sube el volumen de tu mente, pero no olvides una cosa: por mucho que grite, no tiene razón.

CLAVES PARA MANTENER AL MONSTRUO A RAYA

1. No anticipes: será lo que tenga que ser, y no tiene por qué resultar tan catastrófico como crees.
2. No pienses tanto: utiliza tu mente para centrarte en la solución, no en el problema.
3. No niegues tu emoción: ¿de qué te sirve un «no estés nervioso» si ya lo estás? Acéptala como parte de ti, no como tu dueña.
4. Escucha las señales de tu cuerpo: si te duele la cabeza quizás estés pensando mucho, si te duele la espalda puede que estés asumiendo demasiada responsabilidad y si te duele la barriga es probable que no digieras bien tu realidad. Abre los ojos y escúchate.
5. No te creas todo lo que te dices ni te consideres el centro de atención: ponte en duda y observa el mundo a tu alrededor.
6. Para, respira, siéntate, descansa, desconecta. Pero sobre todo para.
7. Por mucho que corras o te escondas el monstruo no se va a ir, al contrario: se pondrá muy pesado e insistente. Siéntalo, habla con él, pero no le des galletas para comer.

PSICO-PÍLDORAS

«NINGUNA PASIÓN COMO EL MIEDO ARREBATA
CON TAL EFICACIA A LA MENTE LA CAPACIDAD
DE ACTUAR Y RAZONAR.»

EDMUND BURKE

- LA ANSIEDAD NO ES TU ENEMIGA, PUEDE LLEGAR A SER UNA GRAN ALIADA

- PONLE LA CORREA AL PERRO O TE PASEARÁ ÉL A TI

- SI EVITAS ALIMENTAS. PON A DIETA AL MONSTRUO DE LAS GALLETAS

- CUESTIÓNATE, PONTE EN DUDA Y VENCERÁS

- EL MIEDO TE ACTIVA, EL MIEDO AL MIEDO TE PARALIZA

- ES NECESARIA CIERTA MOTIVACIÓN PARA MOVERSE, PERO ES EL MOVIMIENTO EL QUE ALIMENTA LA MOTIVACIÓN

La La Land, Facebook, Instagram
y otras realidades paralelas

Recuerdo el caso de una paciente que acudió a mí para superar una ruptura amorosa que ella misma reconocía como tóxica, y a pesar de esa toma de conciencia no podía dejar de hacer tres cosas, muy comunes, todo hay que decirlo, en las personas que sufren un duelo por ruptura sentimental. Anclarse de este modo no hacía más que retenerla en un sufrimiento emocional elevado:

- En primer lugar, se encontraba en la fase inicial de negación y no acababa de aceptar la ruptura, a pesar de que racionalmente sabía que romper era lo más adecuado.
- En segundo lugar, se estancó de forma persistente en una relación paralela imaginaria que nunca existió: no podía dejar de darle vueltas a todo lo que podría haber sido y no fue y a todo lo que podría haber hecho y no hizo.
- Y en tercer lugar, y como consecuencia de lo anterior, sentía una gran culpa por no haber conseguido

tener esa relación «maravillosa», que evidentemente no era así pues de lo contrario seguiría con su pareja y ella y yo jamás nos habríamos conocido.

Debo decir que hace poco me envió un whatsapp para contarme que estaba muy bien y agradecerme toda la ayuda que le presté en su momento. Creo que soy yo quien debe agradecerle que inspirara la idea fundamental de este capítulo. Gracias, L.

Fue precisamente ella quien me recomendó la preciosa película *La La Land* (Damien Chazelle, 2016). Se enfadó mucho con el final, pero a mí me encantó; de hecho, mientras escribo estas líneas suena la banda sonora en mi ordenador. Lo cierto es que la discusión acerca del final de la película nos fue muy útil en el proceso terapéutico. Así lo describe con sus propias palabras en un mensaje que recibí hace pocos días después de pedirle permiso para utilizar su historia como introducción a este capítulo: «Todavía me acuerdo de cuando vi la peli, de cuánto me marcó y de las ganas que tenía de que la vieras para analizarla contigo. Me ayudó mucho que a partir de ahí tratáramos mi caso usando esa metáfora de la realidad paralela».

Entendí perfectamente su visión, pues en algún momento de mi vida me habría sentido igual de decepcionada que ella ante ese final. Es un final feliz o no, según el momento vital y personal en el que te encuentres cuando veas la película. Lo que queda claro y lo que quiero transmitir en este capítulo, de ahí el título del mismo, es una cuestión importante que en ocasiones olvidamos: *la vida es lo que es en este momento, no lo que podría ser o querríamos que hubiera sido.* No aceptarlo y anclarse en ese mundo paralelo puede hacerte sufrir inútilmente. No hablo tanto de los mundos de Yupi del primer capítulo como de una realidad que quizás sí pudo ser pero que finalmente, por un montón de circunstancias, no tuvo lugar. Dicen que lo que no ocurre es porque no tiene que ocurrir, aunque no te voy a negar que oír eso fastidia, y mucho; pero vivir anclado a una fantasía o a un universo paralelo no es nada eficiente para tu bienestar emocional. Hay edificaciones mentales en el aire que se acaban convirtiendo en auténticos cascotes y ruinas reales en el suelo.

Fantasear, soñar e imaginar es altamente beneficioso y, cuando menos, inherente al ser humano. Sobre todo si hay una proyección hacia delante que te encamina a nuevos proyectos, o por el simple hecho de que en un día de mucho trabajo y estrés puedes cerrar los ojos e imaginar que estás tumbado en una hamaca en Bora Bora, piña colada en mano. No dejes de hacerlo, por favor, no sería la primera ni la última vez que un sueño puede llegar a convertirse en realidad, ¿no? Pero hazlo sólo unos instantes, los que sean necesarios, luego vuelve a la realidad. Las ensoñaciones de este tipo, cuando se mantienen en el tiempo, te alejan de lo que está sucediendo realmente; en el caso de mirar hacia el pasado no son más que una huida hacia atrás que te impide echar mano de los asuntos que tienes hoy sobre tu mesa de trabajo. Como dice Françoise Mauriac: «¡Qué poco cuesta construir castillos en el aire y qué cara es su destrucción!».

Todo ello está íntimamente relacionado con lo que venimos diciendo a lo largo de este libro: en este mundo donde sólo se venden recetas mágicas para la felicidad, cuesta aceptar que hay ocasiones en las que los finales felices se quedan en la ficción. Nos empeñamos en que todo debe salir bien, tal como lo habíamos planeado, y nos sentimos totalmente derrotados cuando no es así. Haz siempre un ejercicio de realidad, por dura que sea, sólo así adquirirás plena conciencia de ti mismo y de lo que está ocurriendo a tu alrededor. Esa ilusión o fantasía, lejos de mantenerte ¿feliz? por unos instantes, no hará más que provocarte una gran desdicha y tristeza cuando te bajes del globo. Las cosas ocurren en el suelo, no en el aire. *Si la evolución no nos dotó con alas es que no estamos hechos para volar.*

ANCLADOS EN EL PASADO: LO QUE PUDO HABER SIDO Y LO QUE REALMENTE FUE

La nostalgia o el recuerdo es algo muy común. Nos encanta retroceder en el tiempo y rebobinar la cinta para rememorar esos momentos en los que estábamos felices, y sobre todo lo hacemos cuando nuestro presente no nos parece tan satisfactorio como lo que vivimos tiempo atrás. Anclarse en el pasado y no tener más visión que la que nos da el retrovisor de nuestra mente tiene sus efectos. Mira qué te contaba en *¿Vives o sobrevives?* (2016) acerca de los que denominé «neuróticos flagelantes» cuando hablaba de la neurótica máquina del tiempo:

Aquellos que se anclan en lo que ya fue o en lo que nunca sucedió son más propensos a la tristeza, la melancolía y la culpa. Si no son capaces de aceptar su situación actual y viajan en el tiempo para recordar tiempos mejores, ya te puedes imaginar su estado emocional más habitual: suelen estar tristes y abatidos la mayor parte del tiempo. Si, por el contrario, en su pasado deberían haber tomado ciertas decisiones o haber hecho ciertas cosas que consideran que podrían mejorar su presente, la culpa se apodera de ellos. Repito que no estoy hablando sólo de echar mano de la memoria a largo plazo. Me refiero a esos viajes constantes y permanentes como huida de un presente que no se acepta. De una forma no neurótica, mirar hacia atrás de vez en cuando es sanísimo, nos recuerda quiénes somos, de dónde venimos y hacia dónde queremos ir, sin perder de vista que nuestro espacio temporal es aquí y ahora. La melancolía, la tristeza y la culpa permanentes pueden acabar desembocando en estados depresivos.

En este caso la visión se centra en lo que realmente ocurrió; es un viaje neurótico y persistente, pero al fin y al cabo no deja de ir hacia algo que sucedió en nuestra vida, no fantaseamos. Hay ocasiones en las que la nostalgia y el recuerdo no acceden a hechos reales, sino que se centran en lo que pudo ser y no fue, en una realidad paralela muy distinta a lo que aconteció, y aquí es donde la persona se engancha a un mundo inexistente que la lleva al malestar emocional, básicamente caracterizado por un gran sentimiento de culpa, de rabia o de tristeza.

• «Salió mal por mi culpa»

Es bueno para ti y para quienes te rodean que tengas capacidad de autocrítica, que puedas reconocer los errores cometidos e intentar aprender algo de ellos o, cuando menos, no volver a cometer los mismos. En todo caso no hablaríamos tampoco de culpa, sino más bien de responsabilidad o de ausencia de la misma. El reconocimiento del error debe basarse siempre en hechos reales, en lo que ciertamente se hizo o se dejó de hacer; cosa distinta es la flagelación por errores que jamás existieron. Cuando te centras en una historia que no tuvo lugar pero que ahora, desde tu presente, deseas que hubiera ocurrido, no existe responsabilidad alguna, en todo caso hay que aceptar que mientras estabas en la estación no te subiste al tren y éste se fue. ¿Es útil que eches de menos un trayecto que nunca realizaste? Volvemos aquí a la no aceptación de la realidad, ya no tanto de lo que ocurre sino de lo que no ocurrió, que es otra manera neurótica de negar.

• «No es justo que no me saliera bien»

No puedo decirte si es justo o no que algo en tu vida no haya sucedido cuando tú deseabas todo lo contrario; quizás tengas razón y sea injusto. Lo único cierto es que no ocurrió, y aposentarte en ese sentimiento de injusticia te llevará a un estado de rabia e ira permanente que no te dejará ver más que una película que nunca tuvo guion, que no se proyectó en ninguna pantalla y que ni siquiera estuvo en cartelera.

En más de una ocasión habrás oído acerca de alguien que «es un amargado», y si nos paramos a pensar qué hay detrás de esta afirmación, en la mayoría de los casos hace referencia a personas que viven en un estado de hastío y rabia porque no han vivido lo que quisieron vivir y eso les ha impedido seguir avanzando en su camino. Se quedaron atrás, en un mundo paralelo imaginario, y su ira les impide hacer realidad todo lo que a día de hoy sí son capaces de construir. Amárgate por algo existente, pero hazlo lo justo y necesario, para que sea una amargura fundada en una realidad; el otro tipo de amargura es altamente flagelante: duele mucho pero no hay herida real para que sangre tanto.

• **«Tengo mala suerte, todo me sale mal»**
Pensar de este modo sólo hace que bajes la cabeza cada vez que pones un pie en el suelo. Das por hecho que no te suceden cosas buenas porque eres una especie de gafe a quien la vida no quiere premiarle con momentos de felicidad: ¡Sal de ahí! Si lo que tú tanto anhelabas no sucedió, te puedo asegurar que en ningún caso es porque no lo merecieras o porque tengas mala suerte: acepta que no se dieron las condiciones necesarias para que así fuera y no te empeñes en creer lo contrario. Del mismo modo que he insistido en que aceptes tus emociones, haz un esfuerzo para aceptar que el cuento de hadas que hay en tu mente no tuvo lugar, sólo así la tristeza se disipará por falta de apoyo real en el que sustentarse. Acepta tu tristeza pero ten presente que la

origina tu *no realidad*, no la plantes donde no hay tierra ni abono porque ella buscará la forma de echar raíces: viviendo de tu energía y agotando todos tus recursos, e impidiendo que puedas vivir en presente y tu presente.

Claves para salir del bucle de lo que pudo ser y no fue

- **Lo que no se consuma te consume**
  Cuando no sucede lo que quieres que ocurra, construyes un auténtico cuento de hadas de la nada. No deberías agarrarte a una barandilla que sólo está en tu mente. Por mucho que quieras ir por ahí, te caerás: no hay escalera ni peldaños por los que subir, todo está en tu imaginación.

- **Idealizas la no realidad**
  Todo lo que puedas generar en tu mente como una auténtica película con final feliz no es real. Exageras toda la parte positiva de esa historia paralela inexistente sin bajar de la nube y analizar por qué no ocurrió realmente. Quizás no habría sido tan maravilloso como crees ahora. El desengaño y la frustración son en muchas ocasiones la antesala de la idealización.

- **Pisa suelo firme**
  Dice Hovik Keuchkerian, exboxeador, que «no puedes boxear ni vivir si no estás anclado al suelo». Excelente

metáfora del ring aplicable a nuestra realidad. Volar mentalmente para no aceptar tu realidad y soñar sin almohada son el mejor ejercicio para no centrar la atención en lo que está ocurriendo en realidad. Si quieres fantasear, hazlo con la mirada puesta hacia delante, pero ponte en marcha para hacerlo posible. El genio de la lámpara no vendrá a hacerte el trabajo.

• **Libérate de la mentira**
Sé consciente de dónde estás centrando tu atención: ¿estás analizando a «toro pasado», como suele decirse, o no hay toro que analizar porque no pasó? No es más que un autoengaño, estás excluyendo la verdad y centrando tus recursos en una mentira. Buscas señales e indicios donde no hubo nada porque no aceptas que realmente fuera así. Si lo piensas, en el fondo rechazas tu propia historia, no estás siendo veraz.

ANCLADOS EN UN FALSO PRESENTE: LO QUE QUIERO QUE SEA (O LO PAREZCA) Y NO ES

Dejamos los mundos imaginarios que todos nos montamos en la cabeza y entramos aquí en otro curioso universo paralelo. Ya no se trata de lo que uno habría querido que ocurriera y jamás tuvo lugar, sino que nos vamos a sumergir en un mundo en el que las redes sociales favorecen que la gente muestre una versión diferente a la real o, cuando menos, más ideal de lo que es. Para desarrollar esta cuestión y hablar del impacto que causa en nuestras vidas necesitaría todas las páginas que ya llevo escritas y quién sabe si un par de cientos más. Es impresionante cómo las redes sociales nos están influenciando, cómo pueden llegar a ser auténticos barómetros de autoestima, fuente de conflictos y malestar psicológico, así como instrumentos que nos conducen a convertirnos en verdaderos detectives y espías, en paranoicos o en adictos. Llevo casi dieciocho años de práctica clínica y debo decirte que desde hace alrededor de diez no hay visita, independientemente del motivo de la consulta, en la que no salga el tema del móvil, de las redes sociales y de su mal uso o abuso. O nos regulamos y nos centramos, o nos perdemos en un mundo virtual que, lejos de evadirnos de la monotonía y distraernos en ciertos momentos, nos puede llegar a secuestrar, esclavizar, confundir y abducir.

Trabajo mucho con adolescentes y te puedo asegurar que las redes sociales han marcado a una generación entera. Los conocidos como *millennials*, los nativos digitales, ya no conciben un mundo sin conexión a internet. De hecho, en la consulta de muchos psicólogos el tema del móvil es recurrente porque es motivo frecuente de disputas, discusiones, conflictos y peleas no sólo entre padres e hijos, sino que se extiende también a personas que hace años que abandonaron la adolescencia. Diariamente hablamos de pautas, de contratos de uso, así como del establecimiento de normas y límites de conexión. En la terapia de adultos no es nada extraño oír quejas por la falta de comunicación y el aislamiento en ciertas parejas debido a un abuso de los dispositivos móviles una vez que llegan cada noche a su casa. Si no educamos en la desconexión, tendremos una sociedad alienada. Y eso va por y para todos, no sólo para niños y adolescentes. Los adultos tampoco nos escapamos de esta dictadura virtual que nosotros mismos hemos acatado.

Si echamos la vista atrás, la verdad es que hace relativamente poco que navegamos por la red; de hecho, Apple lanzó su primer iPhone al mercado en 2007. Desde 1995 el uso de internet se ha multiplicado por cien y en 2015 ya cubría una tercera parte de la población mundial; o sea, que hace dos días que entró en nuestras vidas y para muchos sería inconcebible a día de hoy una vida sin conexión. Éstos son sólo algunos datos de nuestra conexión actual en España y en el mundo:

1. Desde 2016 hay más móviles que personas en el mundo.
2. El número de usuarios de móviles en el mundo en 2017 asciende a 4.900 millones de personas (el 66 % de la población mundial).
3. Los usuarios con acceso a internet llegan a los 3.700 millones.
4. El móvil es el dispositivo más utilizado en España para acceder a internet.
5. España lidera el ranking mundial en penetración de móviles con el 88 % (el promedio global es del 66 %).
6. En España la tasa de penetración de las tabletas supera el 75 %.
7. El número de dispositivos conectados alcanzará la cifra de 16.000 millones en el mundo en 2021 y 75.440 millones en 2025.

8. En 2016, el 61 % de los usuarios de móvil en el mundo afirmaba que miraba su móvil en los 5 minutos siguientes a despertarse.

9. El 92,8 % de los españoles utiliza el móvil todos los días para acceder a la red.

10. El 99 % de los jóvenes españoles accede a internet a diario desde su móvil.

11. Los *millennials* dedican un tiempo desorbitado a las apps móviles: 93,5 horas al mes.

12. Hay 1.493 millones de usuarios en Facebook y 400 millones en Instagram.

13. El móvil está presente en nuestra vida en prácticamente todos los momentos del día. Según cifras del año 2016: 93 % durante las compras, 93 % durante el trabajo, 93 % durante el tiempo de ocio, 93 % mirando la tele, 93 % hablando con amigos, 93 % comiendo en el restaurante, 93 % cruzando la calle.

Fuente: Ditrendia: *Informe Mobile en España y en el mundo 2017*

Las cifras marean y asustan. Lo más sorprendente, bajo mi punto de vista, es que en estos momentos hay más dispositivos móviles que personas en el mundo, y lo más alarmante, por no decir triste y hasta peligroso, es que usamos el móvil hasta cuando estamos ¿hablando? con amigos o cruzamos la calle, casi en el cien por cien de las ocasiones. Definitivamente estos dispositivos han entrado en nuestra vida para quedarse, no le vamos a dar la espalda a la realidad o a negar lo que ya tenemos en nuestras manos, nunca mejor dicho. No es de extrañar que, dadas las cifras de las que hablamos, todo ello tenga una incidencia directa en nuestro bienestar o malestar emocional. Estar conectados de manera permanente tiene efectos, y no precisamente beneficiosos, para nuestra salud mental; pero también es cierto que la llegada de internet nos ha facilitado muchas cosas y nos permite comunicarnos de una forma que no habría sido posible antes de su existencia. No voy a demonizar para nada la red ni las redes ya que, como dice el psiquiatra Luis Rojas Marcos: «Internet es positivo porque nos une, nos conecta. Incluso a las personas mayores. El estar conectado nos prolonga la vida y no solamente añade años a la vida, sino vida a los años», pero creo que es un deber y casi una obligación usarlo de forma inteligente y saludable, no vaya a ser que en vez de darnos vida nos la quite o nos impida disfrutarla de una manera real y auténtica. Es ahí donde reside el verdadero peligro, en vivir sólo de manera virtual, en estar pendientes de los likes y los retuits de continuo o en estar siempre perfectos para el mejor de los selfies. Cuanto menos te aceptes como eres, más aceptación ajena necesitarás, y es ahí cuando caerás en la trampa de utilizar las redes sociales para recibir aprobación y aceptación a diario por parte de tus seguidores (de los que seguramente conoces a un tercio, si no menos, en la vida real).

Autoestima y redes sociales

La autoestima se puede definir en pocas palabras como lo que te quieres o cuánto te quieres. En este sentido, es el conjunto de lo que crees, de lo que percibes y cómo lo percibes, así como de lo que piensas acerca de ti, todo lo cual da como fruto una valoración general sobre ti mismo que te conduce a quererte más o menos. Es erróneo el planteamiento de «no tener autoestima»; esto no es como la fiebre, no es cuestión de tenerla o no tenerla. Más bien se refiere al hecho de si la tienes alta y hay una buena autovaloración o si la tienes a la altura de las escaleras del metro y te desvalorizas. ¿Y qué papel están desempeñando las redes sociales en este asunto meramente psicológico? Pues parece ser que su uso, o más bien un mal uso de las mismas, nos puede conducir a un malestar emocional, a estar más estresados, a no tener autocontrol y, paradójicamente, a sentirnos más solos. Resulta que si no nos dan un like en Facebook o no pulsan sobre el corazón en Instagram, nuestra autoestima baja en picado. Y ahí está la trampa porque, como decía Françoise de La Rochefoucauld: «Ponemos más interés en hacer creer a los demás que somos felices que en tratar de serlo», y eso es lo que muchas personas hacen en las redes sociales o el motivo principal por el que las usan.

Pero cuidado, tiene que haber algo de base. Me explico: el uso de las redes sociales como escaparate para mostrar «lo guay que soy» o «lo guapo que estoy» no refleja más que una inseguridad previamente existente. Cabe recalcar que las redes sociales no bajan la autoestima en sí, digamos que la hunden bajo tierra si uno previamente no la tenía bien consolidada y las utiliza para obtener una valoración ajena. Se produce un efecto rebote: se busca el reconocimiento externo en ausencia del interno y, al no obtenerlo, este último baja en picado. Para no caer en esta trampa virtual que te conducirá a un gran malestar psicológico, se hace necesario que refuerces tu autoestima previamente. Ten en cuenta los siguientes puntos:

• **Deja la matraca machacante**
No estés todo el día fijando tu atención en cada uno de los aspectos que menos te gustan de ti; está bien que los tengas en cuenta, pero es demoledor para tu autoestima que ignores todo aquello que te gusta de ti. ¿No te ha pasado nunca que acabas comprando algo porque te gustaba en su totalidad a pesar de que había detalles que no acababan de convencerte? Quizás ese armario que hay en tu habitación no es exactamente del color que más te gusta, pero tiene los estantes ideales y los cajones justos para que tu ropa quepa en él. Si valoramos la realidad y decidimos sólo en función de lo que no nos gusta, jamás tendremos una valoración general positiva de casi nada. No hagas eso contigo mismo.

• **Sé constructivo**
Si te quejas, al menos actúa. Ya has dado el primer paso, que consiste en percibir todo aquello que puede mejorarse o que te desagrada. No seas destructivo centrando la atención sólo en lo que percibes, ve más allá: analiza el posible cambio, decide cuándo y cómo vas a empezar y ejecuta la acción. Si sólo te quejas, tu autoestima baja grados.

• **Respétate un poco más y sé más condescendiente**
En ocasiones eres mucho más amable con los demás
que contigo mismo. Eres capaz de ver la parte positiva
en tus amigos, en tu pareja, en tus hijos, en tus compañeros de trabajo, e incluso les invitas a que ellos mismos lo hagan, pero cuando se trata de hacerlo contigo,
«consejos vendo que para mí no tengo». Trátate con
amabilidad, perdónate los errores, acepta tus dificultades o puntos débiles y quiérete un poco más. Tu autoestima hará una fiesta con globos si lo haces.

• **Baja de las nubes**
Márcate metas realistas. Ya te he comentado lo que
ocurre en los mundos de Yupi y en los mundos paralel-
los. No te marques un destino alejado y difícil de conseguir porque si al final no lo alcanzas no llegarás a la
conclusión de que simplemente no se daban las condiciones adecuadas, sino que te torturarás diciéndote que
eres incapaz porque no vales nada, sin tener en cuenta
que muchos de los objetivos marcados no se alcanzan
no porque carezcas de habilidades para hacerlo, sino
debido a otros factores que no tienen nada que ver contigo. No te digas que no vales nada porque tu autoestima se irá de viaje.

• **Si encuentras algo mejor, acéptalo**
Siempre habrá alguien mejor que tú en muchos aspectos: más alto, más guapo, más hábil, más inteligente,
etc., del mismo modo que habrá otras personas que lo

serán menos. ¿Y? Afortunadamente todos somos singulares, distintos e irrepetibles. Cada vez que te comparas con los demás no lo haces para realzar tus cualidades o admirar las ajenas, sino que la comparación te lleva a amargarte cuando ves qué tiene el otro que tú no tienes, y una cosa es la admiración pero otra muy distinta son los agravios comparativos. Si te comparas y decides ser como otra persona, estás renunciando a ti mismo, te estás negando y tu autoestima va bajando peldaños; mejor dicho, cae rodando por la escalera. Si te comparas con los demás, pierdes; si te comparas contigo mismo respecto a si hoy eres o estás mejor que ayer, ganas.

La piel se te eriza cuando te tocan, lo que más te consuela cuando estás triste es un buen abrazo, las mejores conversaciones siempre tienen lugar alrededor de una mesa. No perdamos eso de vista.

Las redes sociales son un canal muy útil para establecer comunicación con los demás, para divulgar ciertos conocimientos, para denunciar las injusticias que se cometen día a día en nuestro mundo y para un montón de cuestiones más que eran impensables hace sólo veinte años; ahora bien, no deberían fundirse con la realidad, que es mucho más rica y extensa en matices, en experiencias vividas y en emociones.

Es más, su mal uso dificulta enormemente salir adelante en ciertas situaciones. He tenido que trabajar con varios pacientes el hecho de desconectar del todo de personas que ya no forman parte de sus vidas porque la relación se ha roto. Hace años, sin las redes, dejabas de ver a esa persona y uno podía ir asimilando mejor la pérdida. A día de hoy, desde la inseguridad, la negación y la no aceptación de la realidad, hay gente que sigue enganchada a su expareja visitando el muro de su Facebook, viendo qué publica en Instagram o comprobando si está en línea en WhatsApp. Ahora dime, *¿cómo se hace el duelo de un muerto que sigue vivo?* Son situaciones que enganchan, que generan dependencia y mucho más sufrimiento psicológico del que cabría esperar con otras condiciones. Desconecta, por favor.

Ya ni te hablo del ciberacoso al que miles y miles de jóvenes se ven sometidos a través de las redes sociales. Hace años, cuando un niño llegaba a su casa y la puerta se cerraba, encontraba paz en su hogar, en su habitación. A día de hoy el verdadero infierno para muchos empieza precisamente ahí. Aparte de aguantar el inadmisible acoso escolar al que se ven sometidos en el colegio, el machaque se puede extender a través de su dispositivo móvil; no hay paz ni descanso para ellos prácticamente en todo el día. Es un sinvivir, una tortura interminable.

Se hace imprescindible la educación en el uso de las redes sociales, en valores como la tolerancia, la empatía y el respeto hacia los demás, y debemos hacerlo antes de que los dispositivos estén en sus manos porque para entonces quizás ya sea demasiado tarde.

CLAVES PARA *VIVIR* MÁS Y *CONECTAR* MENOS

• **Modo avión**
Desconecta de lo virtual y vuelve a la realidad que te rodea. Puedes hablar con un amigo por WhatsApp, pero es mucho más gratificante hacerlo en una cafetería o en un parque y poder darle un buen abrazo. No hay emoticono que supla eso, ¿verdad? Ni siquiera la graciosa flamenca.

• **No eres un escaparate**
No eres una tienda que tiene que ir mostrando constantemente las últimas novedades al público. No hace falta que publiques todo lo que haces en todo momento. Resérvate algo para ti y los tuyos.

• **Conecta con el mundo real**
Si la puesta de sol que estás presenciando es espectacular es una lástima que, teniéndola delante de ti, la veas a través de la pantalla del móvil para poder publicarla, ¿no? Mira a través de tus ojos, no a través de una pantalla. Tendrás la foto ideal en tu muro o historia, pero ¿realmente la habrás vivido o tan sólo muestras que has estado ahí?

• **Que te dé el aire**
Incrementa las actividades al aire libre (dejando el móvil en casa o desconectándolo, si puede ser). Respira, observa, disfruta sin necesidad de tenerlo que retrans-

mitir o plasmar en una imagen. Conecta de nuevo con
lo que hacíamos de pequeños. ¿Lo recuerdas?

• **Haz limpieza**
Revisa tu dispositivo móvil y analiza de forma realista
cuántas aplicaciones puedes borrar. Quédate con las
estrictamente necesarias y pacta contigo mismo el tiempo que quieres dedicar cada día a tener tu vista fijada a
una pantalla.

• **Ponte a prueba**
Te propongo un ejercicio. Durante la próxima semana
cronometra cada día el tiempo que pasas con el móvil
en las manos. No te asustes cuando llegue el domingo y
veas la suma final. Piensa en todo lo que podrías haber
hecho o, mejor dicho, recuerda si en algún momento
has dejado de hacer algo porque «no tenías tiempo». Es
una buena prueba de realidad.

Levanta la vista y mira todo lo que te estás perdiendo
a tu alrededor. Nada de lo que puedas ver en una
pantalla es comparable a la realidad.

PSICO-PÍLDORAS

«HUID DE ESCENARIOS, PÚLPITOS, PLATAFORMAS Y PEDESTALES. NUNCA PERDÁIS EL CONTACTO CON EL SUELO; PORQUE SÓLO ASÍ TENDRÉIS UNA IDEA APROXIMADA DE VUESTRA ESTATURA.»

ANTONIO MACHADO

- LA VIDA ES LO QUE ES EN ESTE MOMENTO, NO LO QUE PUDO SER O QUERRÍAS QUE HUBIERA SIDO

- SI LA EVOLUCIÓN NO NOS DOTÓ CON ALAS ES QUE NO ESTAMOS HECHOS PARA VOLAR

- SI HACES MUCHOS CASTILLOS EN EL AIRE, TEN CUIDADO CUANDO TE CAIGAN LOS CASCOTES

- LO QUE NO HAS CONSUMADO TE CONSUMIRÁ

- SI TE COMPARAS CON LOS DEMÁS, PIERDES. SI TE COMPARAS CONTIGO MISMO, GANAS

- QUE LO VIRTUAL NO TE ALEJE DE LO REAL

Acepta. No es resignación, pero nada te hace perder más energía que el resistir y pelear contra una situación que no puedes cambiar.

DALAI LAMA

Sólo vives intensamente cuando aceptas
tus emociones, no cuando únicamente buscas
la felicidad.
¿Te atreves a aceptar...?

Agradecimientos

Las siguientes páginas han sido posibles gracias a la confianza que de nuevo han depositado en mí los editores Laura Álvarez y Carlos Martínez, que hacen que cada visita o reunión en Penguin Random House se convierta en una agradable y enriquecedora conversación que siempre acaba en un ilusionante proyecto. En este sentido, mi primer agradecimiento es para vosotros.

Gracias, Marta Sevilla, mi apreciada agente editorial, por estar siempre ahí y darme tus dosis de apoyo y entusiasmo en cada nuevo libro.

Gracias a las personas que me han acompañado a lo largo de toda mi vida y que siguen ahí, haciendo que viva INTENSAMENTE cada uno de los momentos que paso junto a ellas. No concibo una vida sin ese amor.

Gracias de nuevo, y siempre, a todas las personas que acuden a mi consulta en busca de herramientas para poder lidiar con las dificultades que la vida pone en su camino, en ocasiones muy duras. Sois unos valientes y aprendo mucho de cada uno de vosotros, más de lo que os podáis imaginar. GRACIAS A TODOS.

Descubre tu próxima lectura

Si quieres formar parte de nuestra comunidad,
regístrate en **www.megustaleer.club**
y recibirás recomendaciones personalizadas

Penguin
Random House
Grupo Editorial

 megustaleer